Auf einen Blick^2

Was Sie noch wissen sollten, nie lernen wollten oder einfach vergessen haben

Draught Associates

KNESEBECK

Inhalt: So groß waren sie wirklich Meisterscha
Schiedsrichtersignale Cricket Schiedsrichtersignale
Abseits Schläger Fahrräder Skateboardtricks Sur
Heißluftballons Feuerdreieck Feuer Indigene Wo
selbst gemacht Zitronen im Haushalt Die größten
die Ritter der Tafelrunde Stonehenge 2000 v. Chr.
Tonalpohualli-Kalender Theorien zum Pyramiden
Hemdkragen Polizeimützen Der Mord an John F.
Morsezeichen Websuffixe & Vorwahlnummern T
große Seen und Wasserspeicher Überleben ohne
Lebensbaum Die Entwicklung des Menschen Bedr
Fabelwesen Bermudadreieck Entdeckung des No
Londoner Underground Giganten am Straßenrand
bevölkerungsreichsten Städte Die häufigsten Famili
von Champagner Champagnerflaschen Trinkgläs
Käse Pasta Gewürze Scoville-Skala zur Schärfe vo
Renaissancebankett Die Gesellschaft des Heilige
Schmetterlinge Frösche und Quallen Das perfekt
Brutzeiten Durchschnittliche Lebenserwartung
Yoga Pilates Dermatome Reflexpunkte Blockflöte
Schlagfiguren beim Dirigieren Jonglieren Clo
Spielzeug des 20. Jahrhunderts Gladiatoren Ta

okale Film-, Fernseh- und Musikpreise Baseball
ettpositionen Gymnastikstellungen Mannschaften
Brandungswellen Gezeiten Polarlicht Fahrt eines
tätten Energieverbrauch pro Stunde Solarstrom
chte und Gemüse Getreidekreise König Artus und
nehenge heute Hieroglyphenalphabet Aztekischer
Mumifizierung Furoshiki T-Shirt zusammenlegen
nnedy Outlaws Strafgefangenenrate Klopfzeichen
ersprache Brücken Lange Ströme und Kanäle,
ser Zusammensetzung des menschlichen Körpers
Arten Kryptozoologie (Fabelwesen) Griechische
ls Das Rennen zum Südpol New Yorker Subway
te 66 Orient-Express Weltreiche Weltsprachen Die
amen Hochzeitsjubiläen Trinksprüche Herstellung
Katergetränke Kaffeespezialitäten Das Frühstück
prikapflanzen Küchenkräuter Vitamine Höfisches
ömischen Reiches im Mittelalter Barockgarten
chte Ei Wiederkäuer und Monogastrier Trag- und
ndtuch falten Origami Graphologie Handlesen
len Klavier Flügel Sinfonieorchester Stimmlagen
ypen Jojo-Tricks Monopoly Berliner Straßen
nuster Schlacht von Trafalgar Piratenflaggen

Zar Peter der Große 2 m
Abraham Lincoln 1,93 m
Muhammad Ali 1,91 m
Elvis Presley 1,83 m
Albert Einstein 1,76 m

So groß waren sie wirklich

Meisterschaftspokale

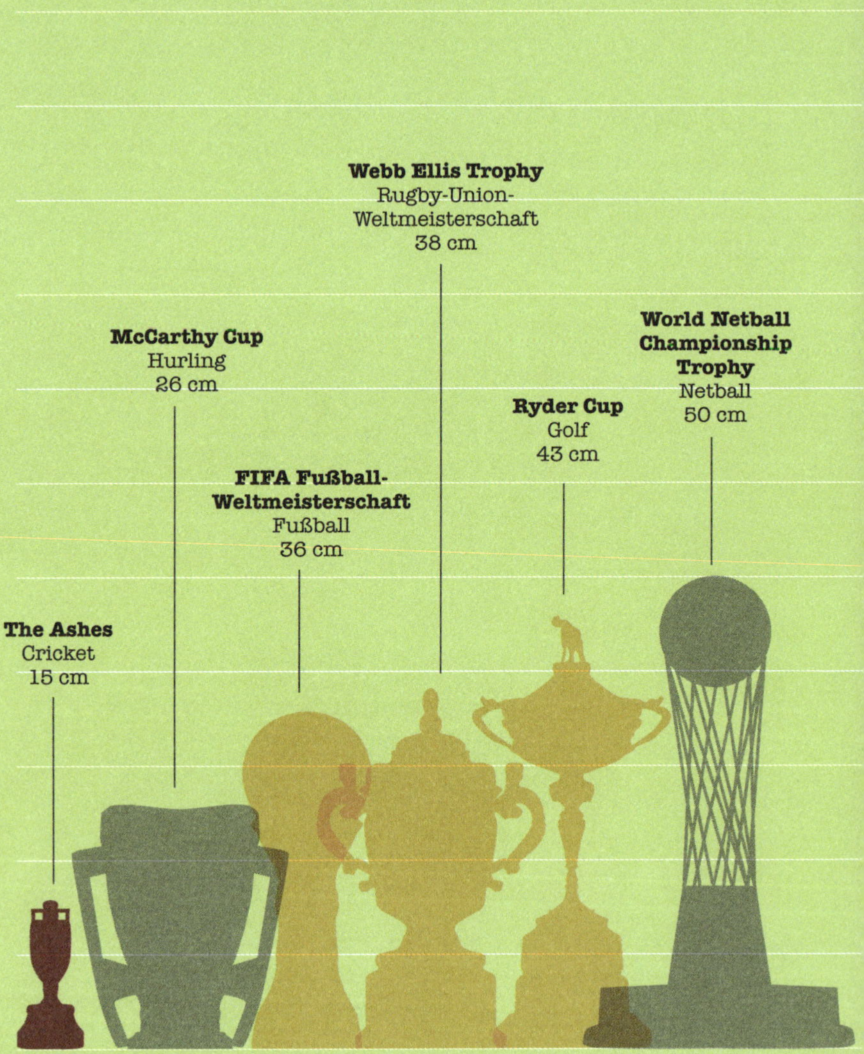

Davis Cup
Tennis
110 cm
Stanley Cup
Eishockey (NHL)
89,5 cm
America's Cup
Segelregatta
68,5 cm
Vince Lombardi
Trophy
Super Bowl
American Football
56 cm

Film-, Fernseh- und Musikpreise

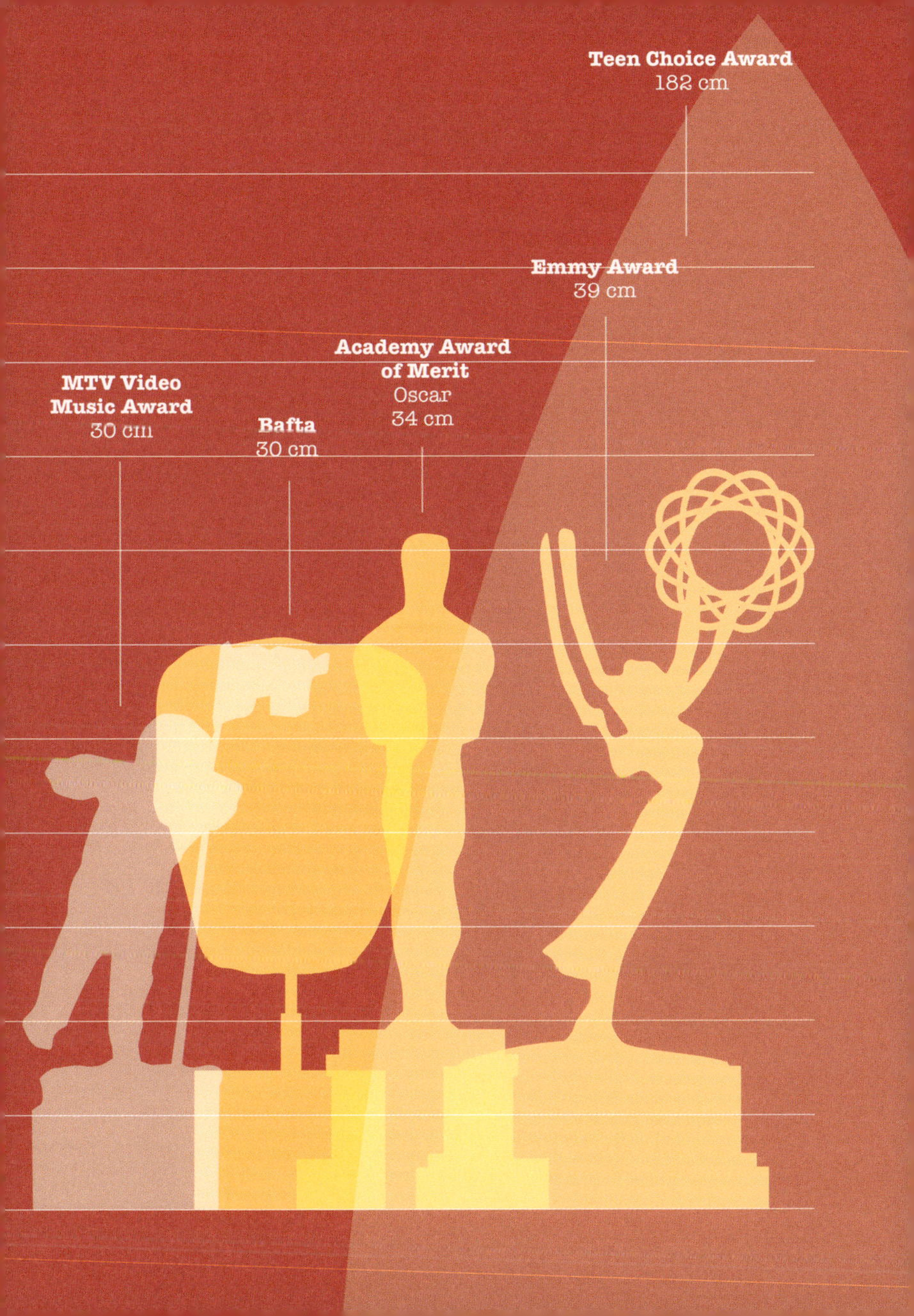
Teen Choice Award
182 cm
Emmy Award
39 cm
Academy Award
of Merit
Oscar
34 cm
MTV Video
Music Award
30 cm
Bafta
30 cm

Baseball Schiedsrichtersignale

Play ball

Count

Strike/Out

Fair ball

Delayed dead ball

Infield fly

Zeit/Dead ball

Home run

Double

Trapped ball/Safe

Hold up play

Foul tip

Foul ball

Do not pitch

Zeit play

Cricket Schiedsrichtersignale

Six

Out

Bye

Wide ball

Short run/s

New ball

Four

No ball

Dead ball

Penalty runs to batting side

Cancel call

Leg bye

Last hour

Penalty runs to fielding side

Five runs

Ballettpositionen

1. Position

2. Position

3. Position

4. Position

5. Position

1. Arabesque

2. Arabesque

3. Arabesque

Demi-plié

Grand-plié

Attitude devant

Attitude derrière

Gymnastikstellungen

L-Stütz

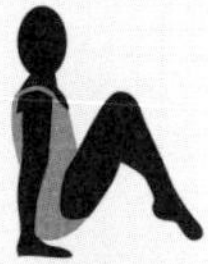

L-Stütz angehockt

Klappmesser

Hocke

Sitz Beine gehockt

Kerze

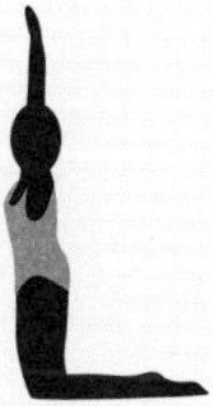

Kniestand

Spreizsitz

Schrittstand

Halbspagat

Y-Stand

Seitarmstütz

Mannschaften

Kabaddi

Fußball

Basketball

Rugby Union

Baseball

Netball

Eishockey

Polo

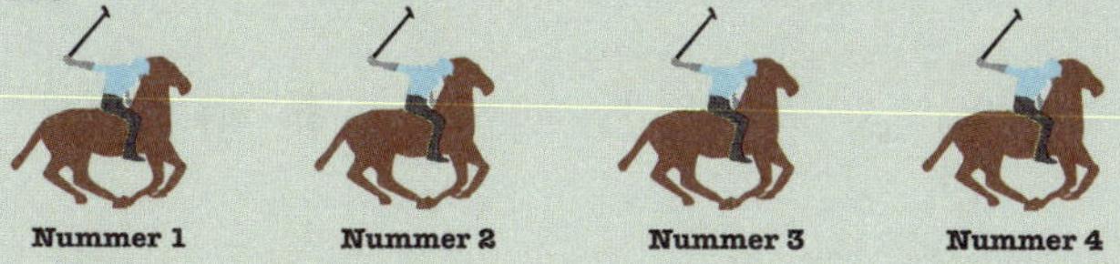

Cricket

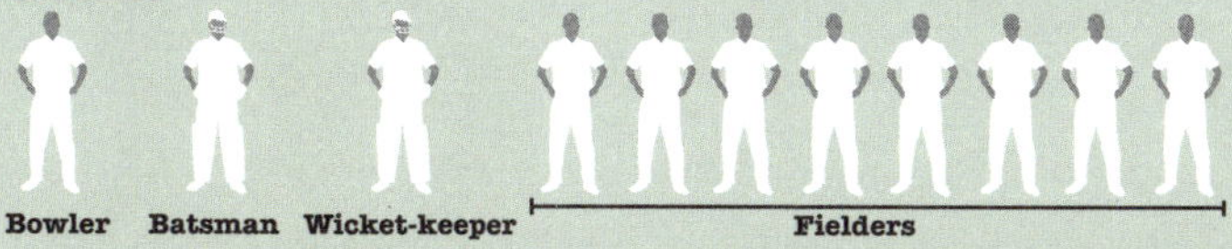

Wasserball

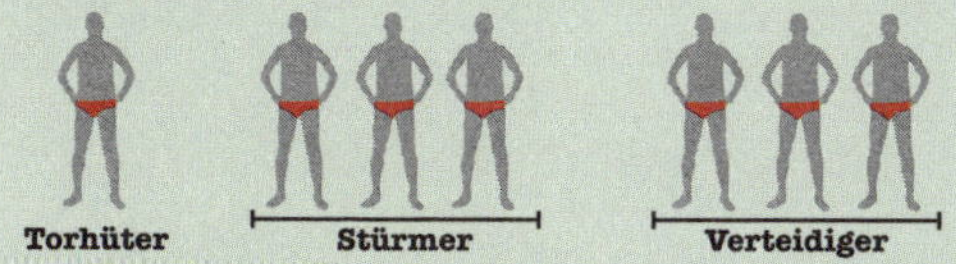

Dodgeball

American Football

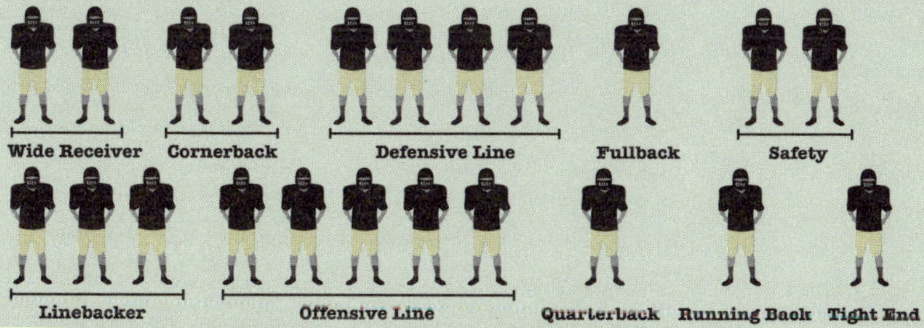

Abseits liegt vor, wenn dir ein Mitspieler den Ball zupasst, während du

1. in der gegnerischen Hälfte bist
2. näher an der gegnerischen Torlinie bist als der Ball
3. der gegnerischen Torlinie näher als der vorletzte Gegenspieler bist

dann bist du im Abseits

Der Spieler A ist im Abseits: Im Augenblick des Zuspiels befindet er sich in der gegnerischen Hälfte, näher an der gegnerischen Torlinie als der Ball und hat nur noch Torwart G vor sich.

Abseits!!!

Der Spieler A ist nicht im Abseits: Im Augenblick des Zuspiels befindet er sich in der gegnerischen Hälfte, näher an der gegnerischen Torlinie als der Ball, hat aber noch den Torwart G und Gegenspieler D vor sich.

Schläger

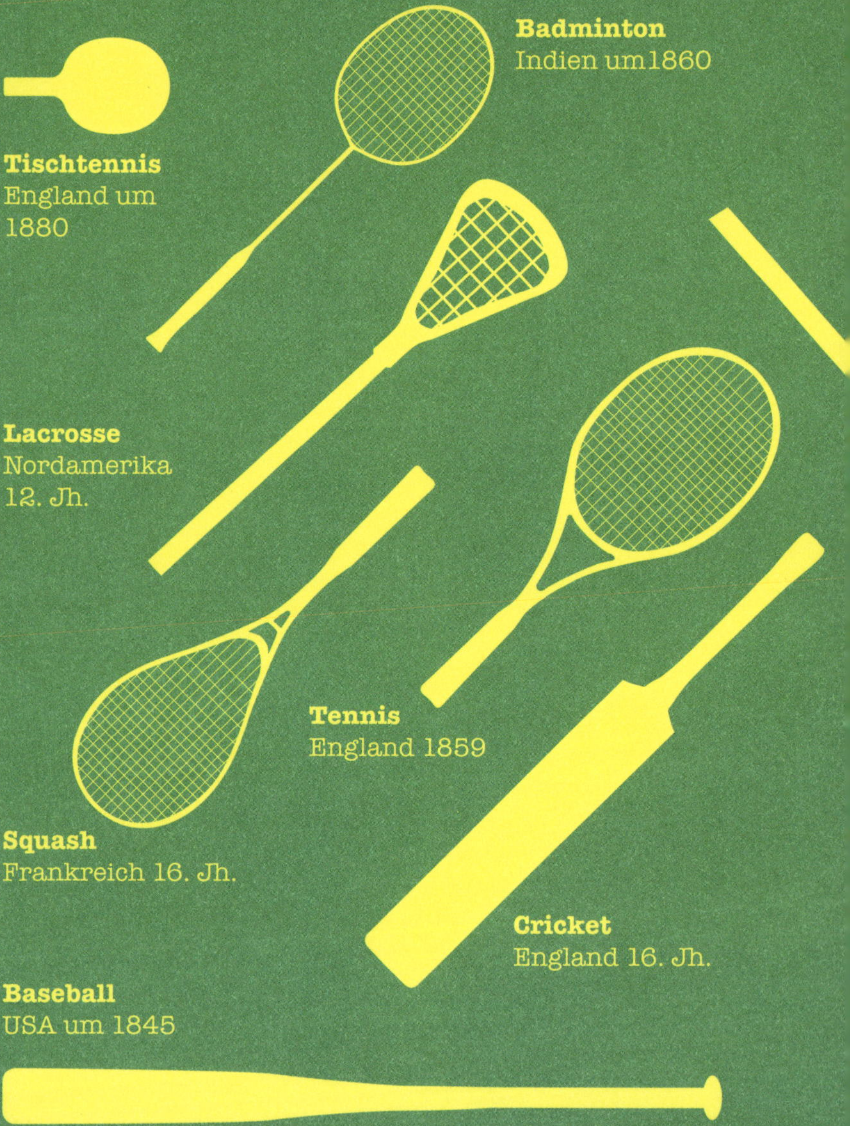
Badminton
Indien um1860
Tischtennis
England um
1880
Lacrosse
Nordamerika
12. Jh.
Tennis
England 1859
Squash
Frankreich 16. Jh.
Cricket
England 16. Jh.
Baseball
USA um 1845

Polo
Persien
um
600 v. Chr.
Racquetball
USA 1950
Feldhockey
UK um 1849
Jai alai
Spanien,
frühes 18. Jh.
Hurling
Irland 1879
Eishockey
Kanada 1875
Xare
Spanien, frühes 19. Jh.

Fahrräder

Tandem
Stadtrad
BMX-Rad
Rennrad
Fitnessbike
Kurzlieger
Mountainbike

Liegerad
Klapprad
Hollandrad
Chopper
Trimmrad
Beachcruiser
Einrad

Skateboardtricks

Ollie

1.

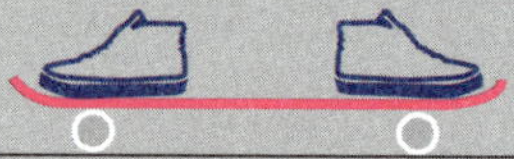

2.

3.

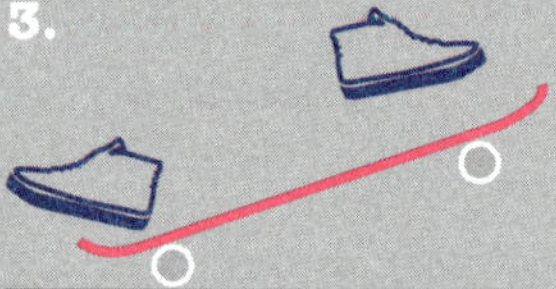

4.

5.

6.

Kick flip

1.

2.

3.

4.

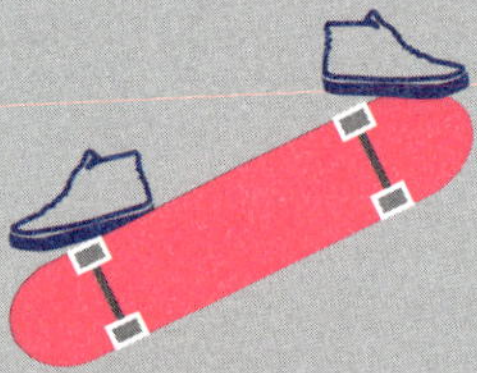

5.

6.

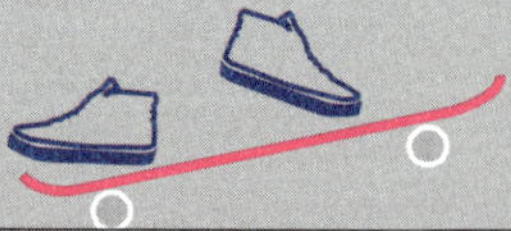

Surfen

Brandungswellen

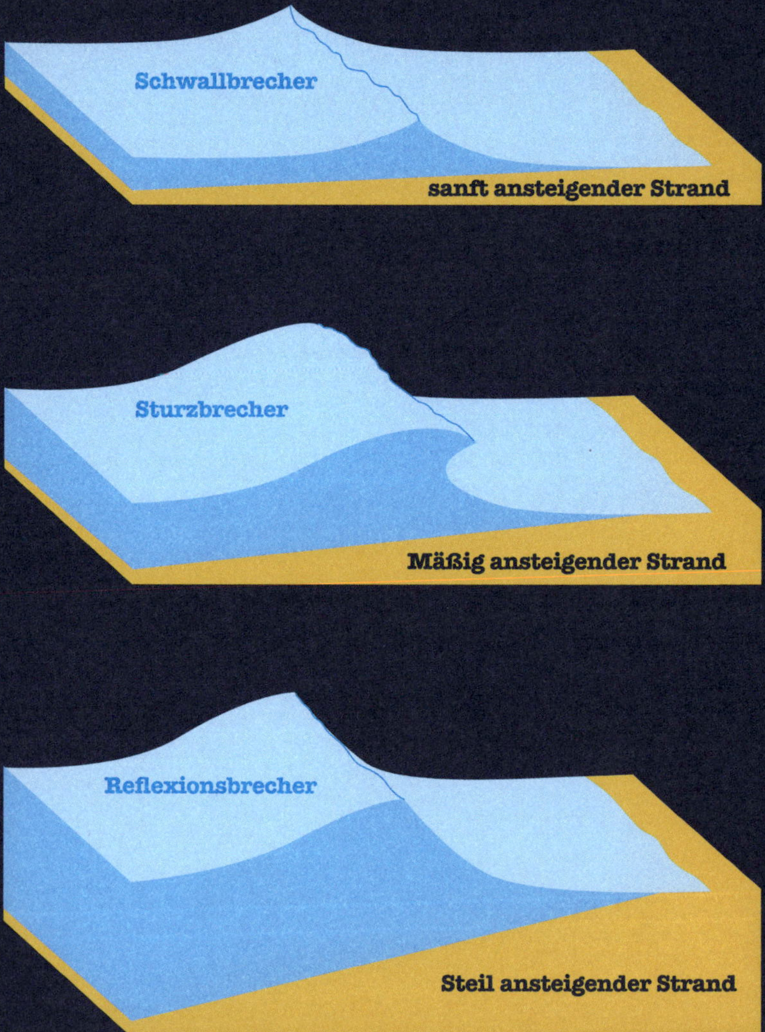

Gezeiten

Die Anziehungskraft des Mondes zieht das Wasser von der Erdoberfläche weg.

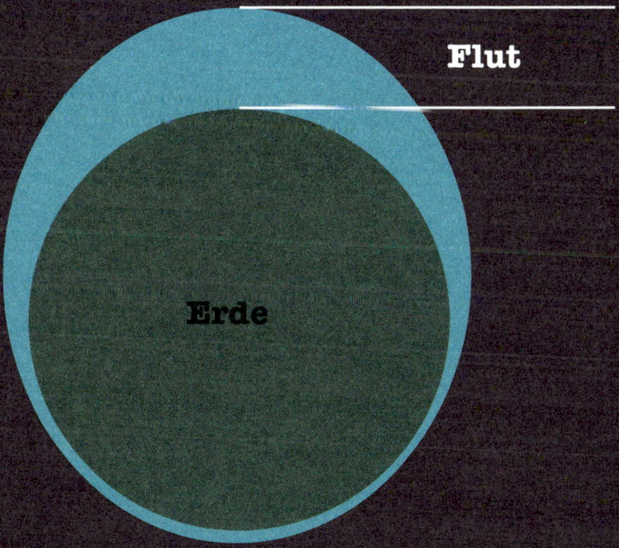

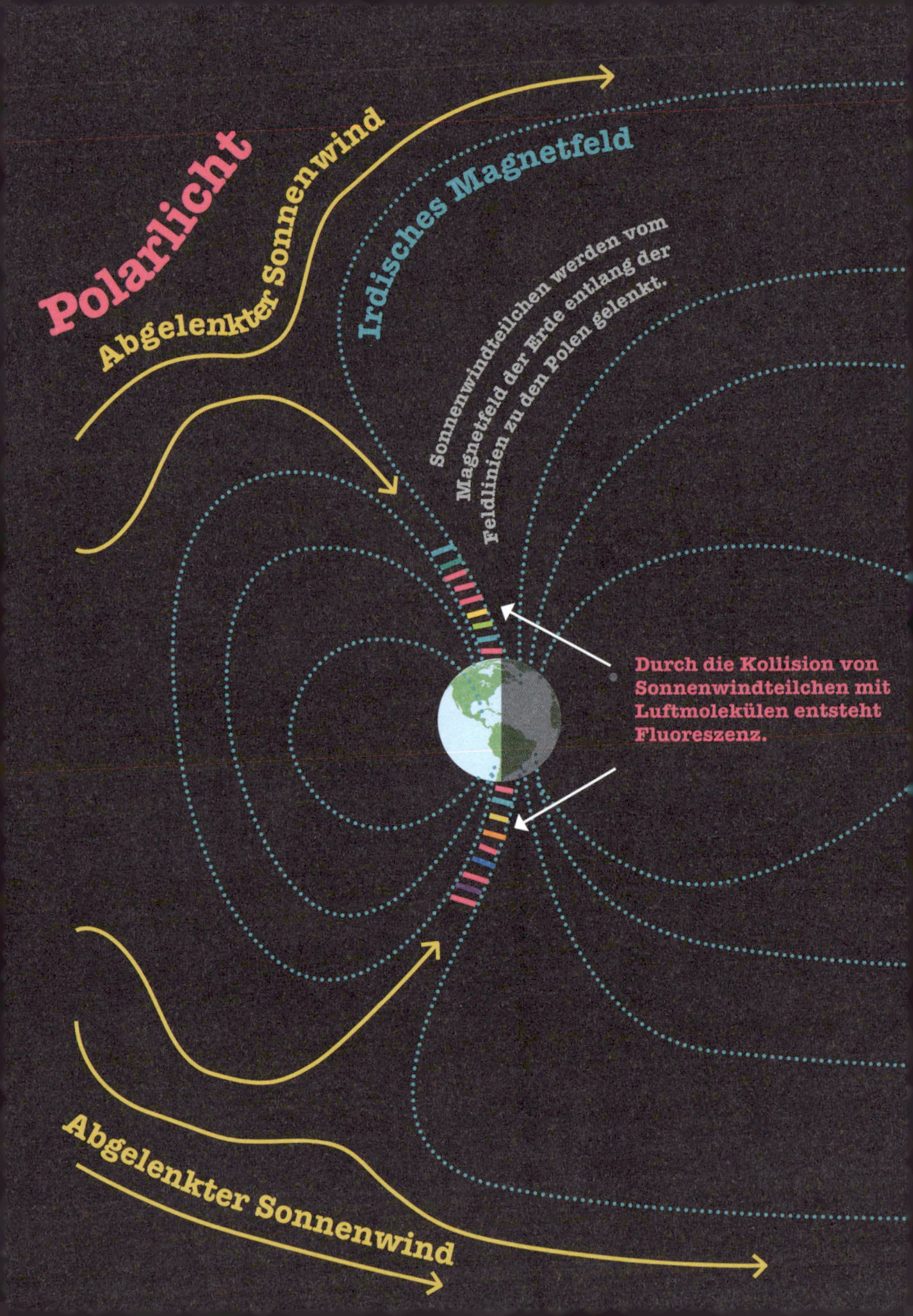
Polarlicht
Abgelenkter Sonnenwind
Irdisches Magnetfeld
Sonnenwindteilchen werden vom Magnetfeld der Erde entlang der Feldlinien zu den Polen gelenkt.
Durch die Kollision von Sonnenwindteilchen mit Luftmolekülen entsteht Fluoreszenz.
Abgelenkter Sonnenwind

Fahrt eines Heißluftballons

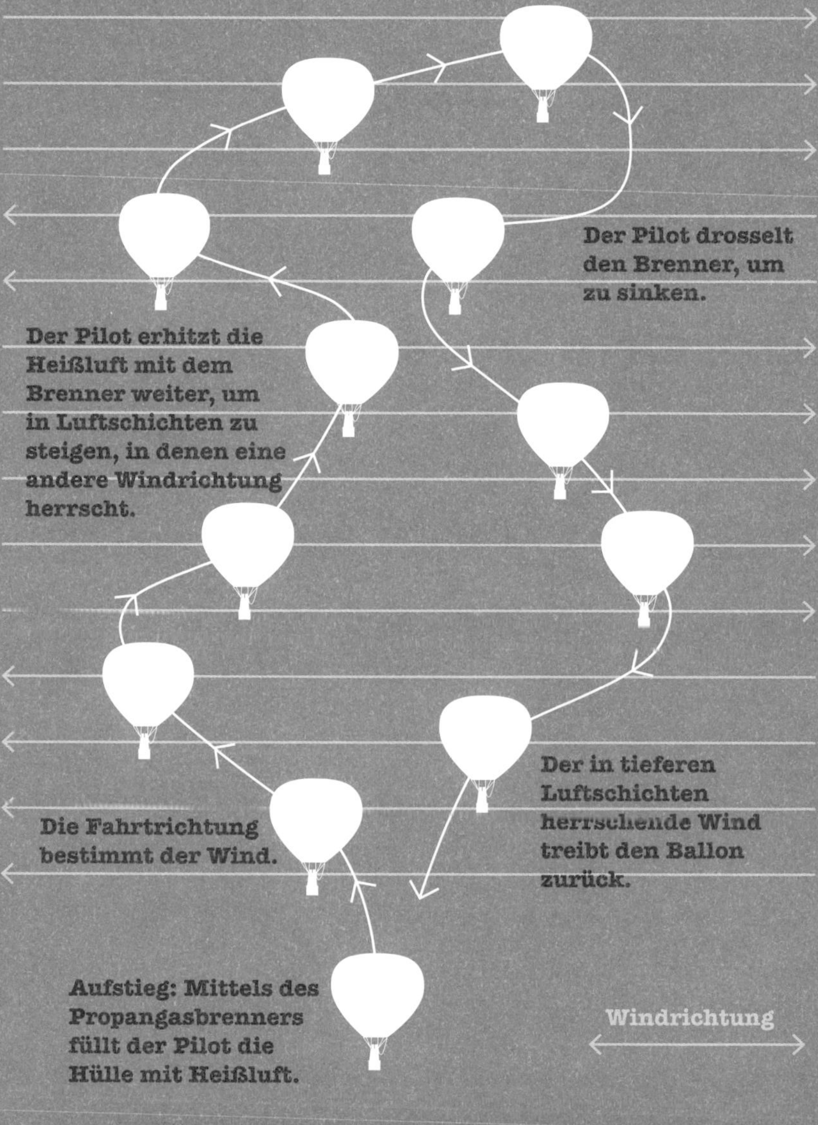

Feuerdreieck

Feuer braucht drei Elemente, um zu brennen: Brennstoff, Sauerstoff und Hitze. Um es zu verhindern oder zu löschen, reicht es aus, eines dieser Elemente zu entfernen.

Feuer

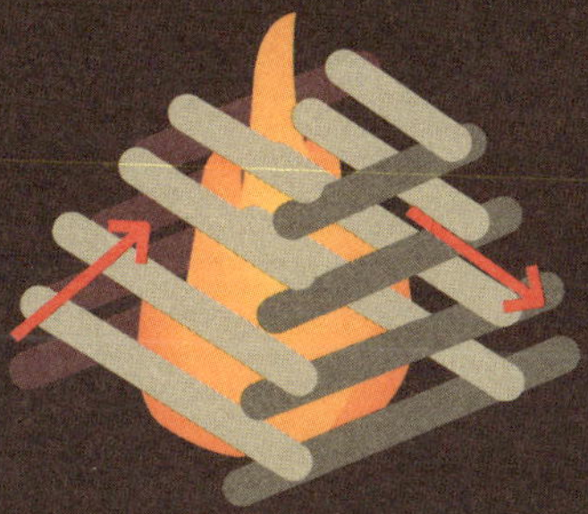

Schichtfeuer
Gut belüftetes, lang anhaltendes Feuer.

Pyramidenfeuer
Schnell anbrennendes Feuer mit vertikaler Hitzeabstrahlung.

Grubenfeuer
Gut geeignet, wenn Wind- oder Sichtschutz erforderlich ist.

Reflektor
Sinnvoll, wenn die Hitze in eine Richtung abstrahlen soll.

Indigene Wohnstätten

Tipi
Ursprünglich aus Tierhäuten oder Birkenrinde. Die berühmte Behausung der Prärie-Indianer.

Tschum
Ähnlich dem Lavvu, aber größer ist das Zelt der nordrussischen Rentierzüchter, die mit ihren Herden durch Tundra und Taiga ziehen.

Bienenkorbhütten
Die Zulu Südafrikas bauen solche Hütten aus Schichten von Stroh, die ein Holzgerippe überziehen. Meist stehen die Hütten im Kreis.

Lavvu
Zelt der nordskandinavischen Samen. Ähnlich dem Tipi, aber aus Wolle und mit weniger steilen Wänden. Deshalb sturmfester.

Navajo-Hogan
Die übliche Behausung der Navajo. Über einem Gerüst von an den Ecken überkreuzenden Stämmen liegt ein kuppelförmiges Erddach.

Wigwam/Wickiups
Ähnlich aufgebaut wie ein Tipi, aber mit einem Gerüst aus gebogenen Hölzern war der Wigwam bei verschiedenen nordamerikanischen Indianerstämmen in Gebrauch.

Iglu
Die traditionelle Unterkunft der Inuit aus geschnittenen Schneeblöcken, die kuppelförmig übereinandergeschichtet werden. Heute nur noch als Biwak in Gebrauch.

Humpy
Die australischen Aborigines bauten solche Hütten aus Zweigen und Rinde. Dabei diente ein starker Ast eines Baums als zentrale Stütze.

Jaranga
Zelt der nomadisierenden sibirischen Rentierzüchter. Es besteht aus einem leichten Holzgestell, das mit Rentierhäuten abgedeckt wird.

Jurte
Die Nomaden der zentralasiatischen Steppen leben noch heute in diesen Zelten, die aus hölzernen Scherengitterwänden und einer Filzabdeckung bestehen,.

Energieverbrauch pro Stunde

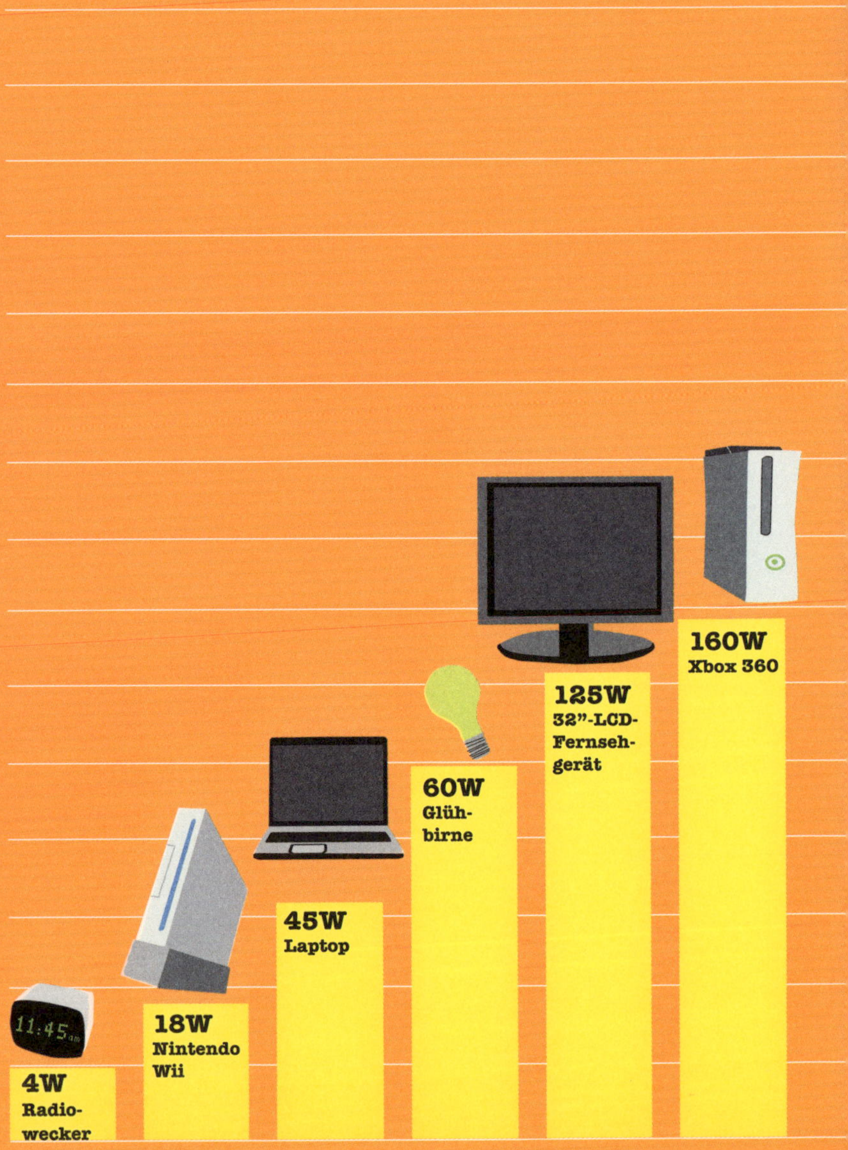

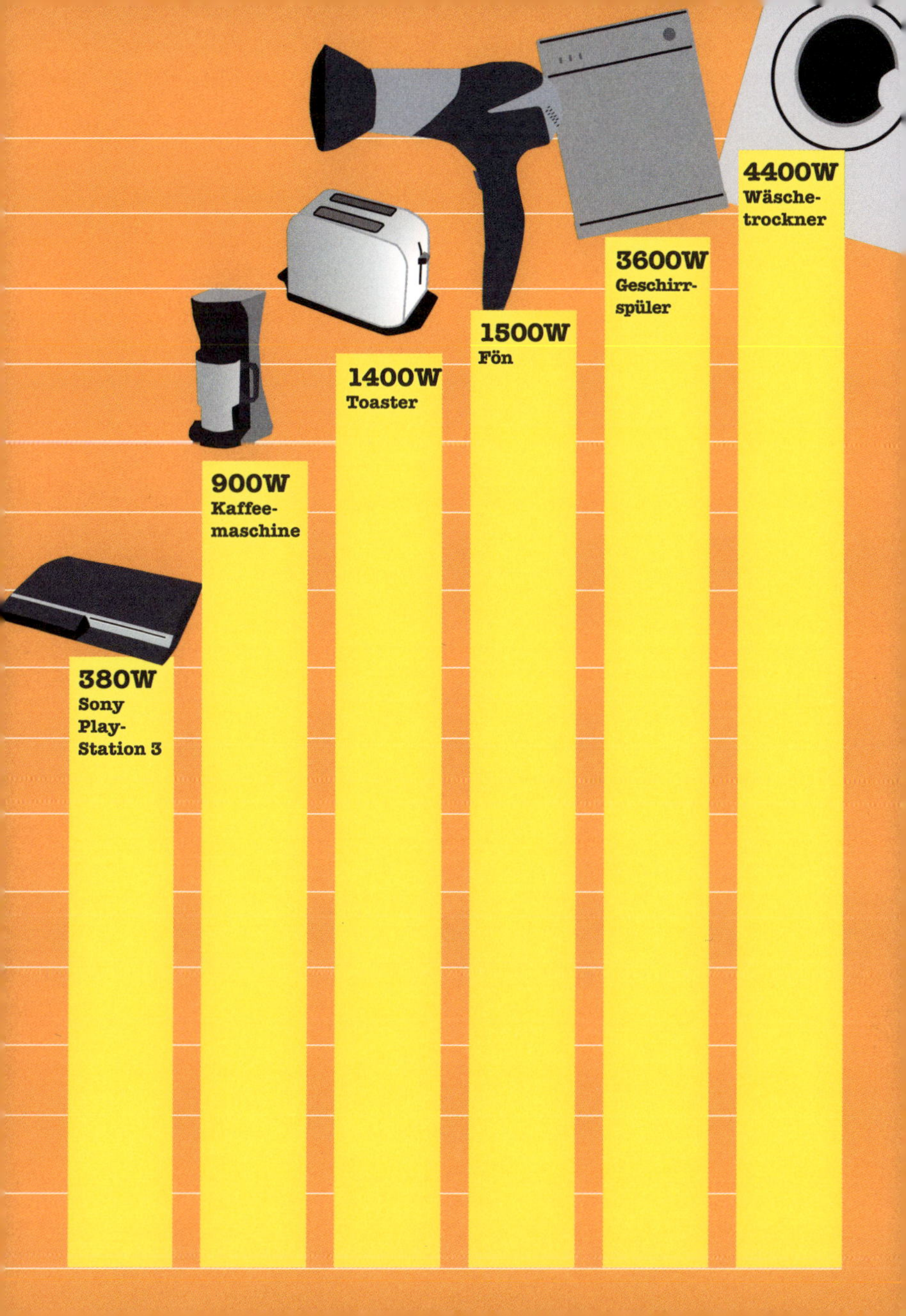
380W
Sony Play-Station 3
900W
Kaffee-maschine
1400W
Toaster
1500W
Fön
3600W
Geschirr-spüler
4400W
Wäsche-trockner

Solarstrom selbst gemacht

1.

Eine Kupferplatte auf ein elektrisches Kochfeld legen.

2.

Beim Erhitzen nimmt das oxidierende Kupfer eine helle Farbe an.

3.

30 Minuten erhitzen, bis die Platte die dunkle Farbe von Kupferoxid hat.

4.

Beim Abkühlen fängt das schwarze Kupfer-oxid an abzublättern.

5.

Alles lockere Kupferoxid entfernen, halbrund biegen und mit einer weiteren Kupferplatte in ein Gefäß geben.

Zwei Leiter mit Krokodilklemmen an die Kupferplatten anschließen, Plus an die oxidierte Platte.

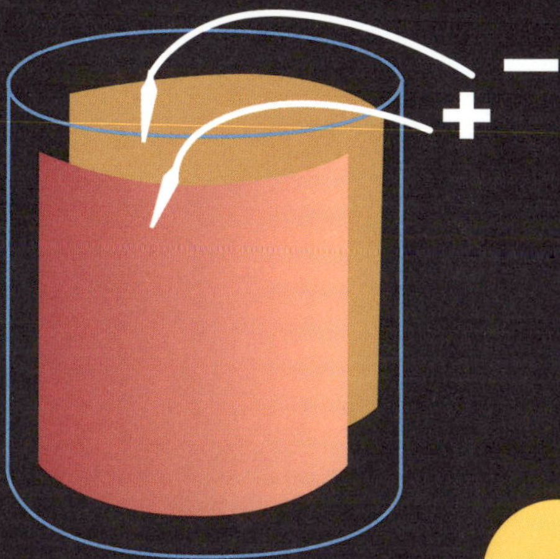

6.

Das Gefäß mit etwas Salzwasser füllen.

In die Sonne stellen und die freien Enden der Leiter an ein Multimeter anschließen.

Zitronen im Haushalt

Duft-spender: Zitronensaft und Wasser zu gleichen Teilen in einen Zerstäuber geben **Allzweckreiniger:** Zitronensaft und Wasser zu gleichen Teilen in eine Sprühflasche geben **Mikrowelle:** Etwas Wasser und einige Zitronenscheiben in eine Schüssel geben und eine Minute in der Mikrowelle erhitzen, dann das Gerät auswischen **Kühlschrank:** Eine halbe Zitrone im Kühlschrank vertreibt unangenehme Gerüche **Kalkablagerung:** Ausguss und Armaturen mit einer halbierten Zitrone abwischen, gut nachspülen **Abflussreiniger:** Heißer Zitronensaft mit Backpulver verrührt **Schneidebretter:** Das Holz mit Zitronensaft einreiben, über Nacht stehen lassen und abspülen **Gläser und Spiegel:** 4 Teelöffel Zitronensaft in knapp 2 Liter Wasser verrührt ergibt einen guten Glas--reiniger **Möbel:** 2 Teile Oliven- oder Speiseöl mit 1 Teil Zitronensaft ergibt eine gute Möbelpolitur

Die größten Früchte und Gemüse

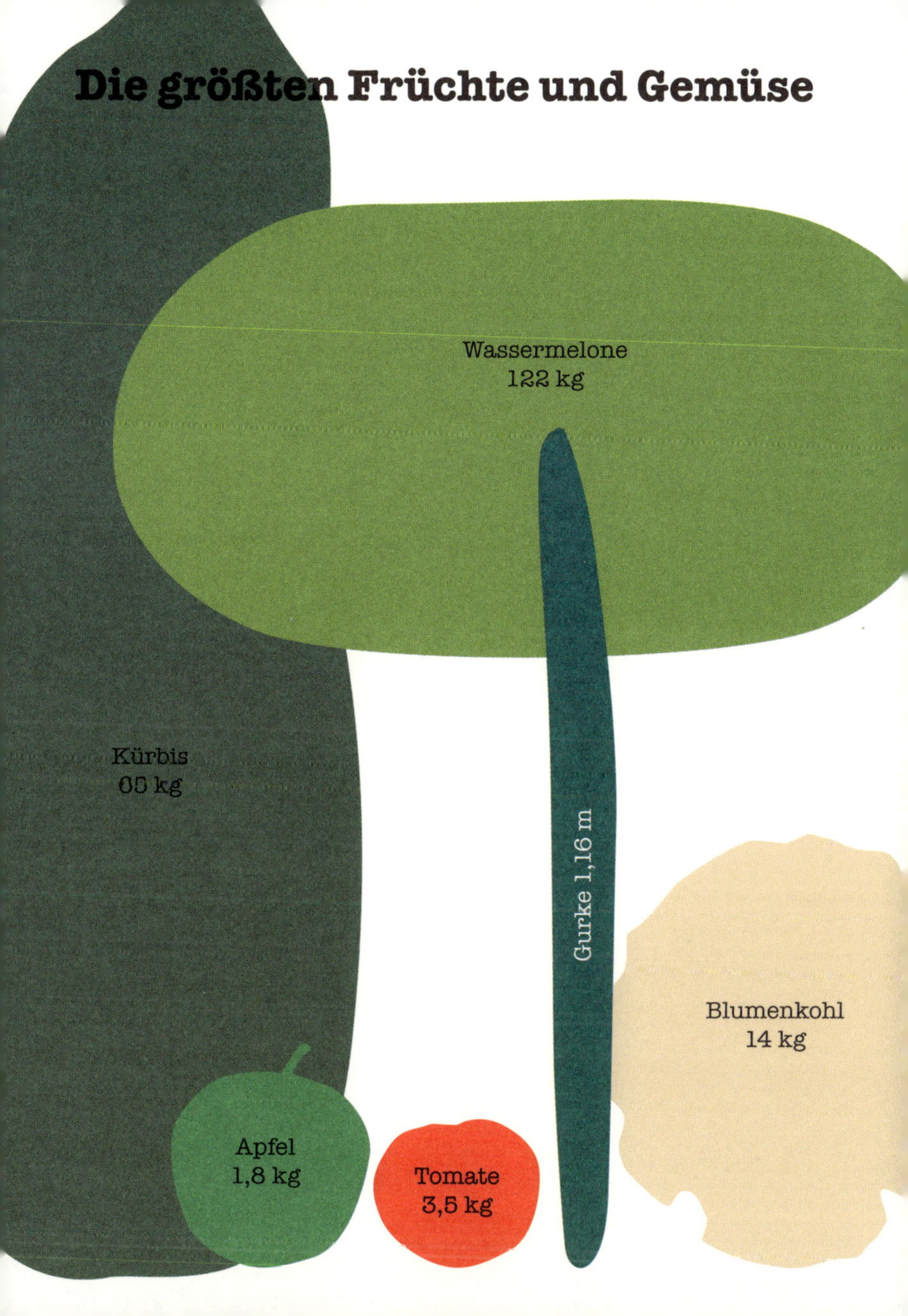

Getreidekreise

Ein Seil an einen Pfosten binden.

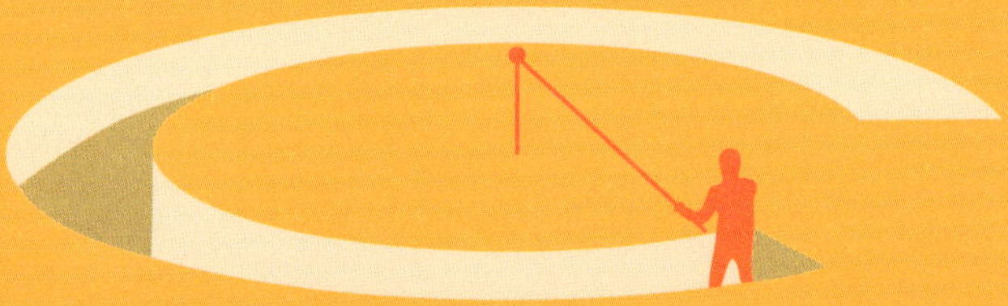

Am gespannten Seil um den Pfosten gehen und
dabei das Getreide mit einem Brett umlegen.

Den Kreis auf diese Weise fertigstellen.

Im Inneren des Kreises das Getreide
mit dem Brett umlegen.

König Artus und die Ritter der Tafelrunde

Stonehenge 2000 v. Chr.

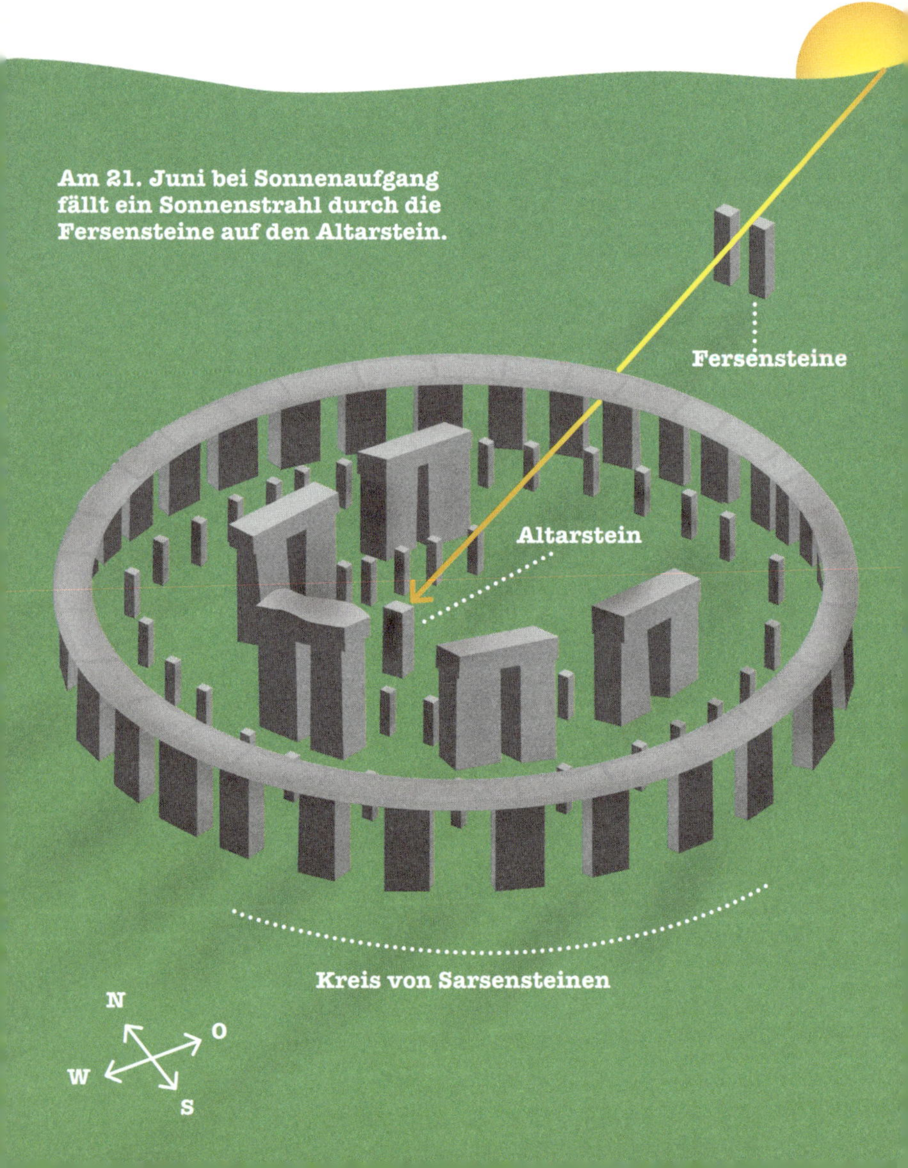

Stonehenge heute

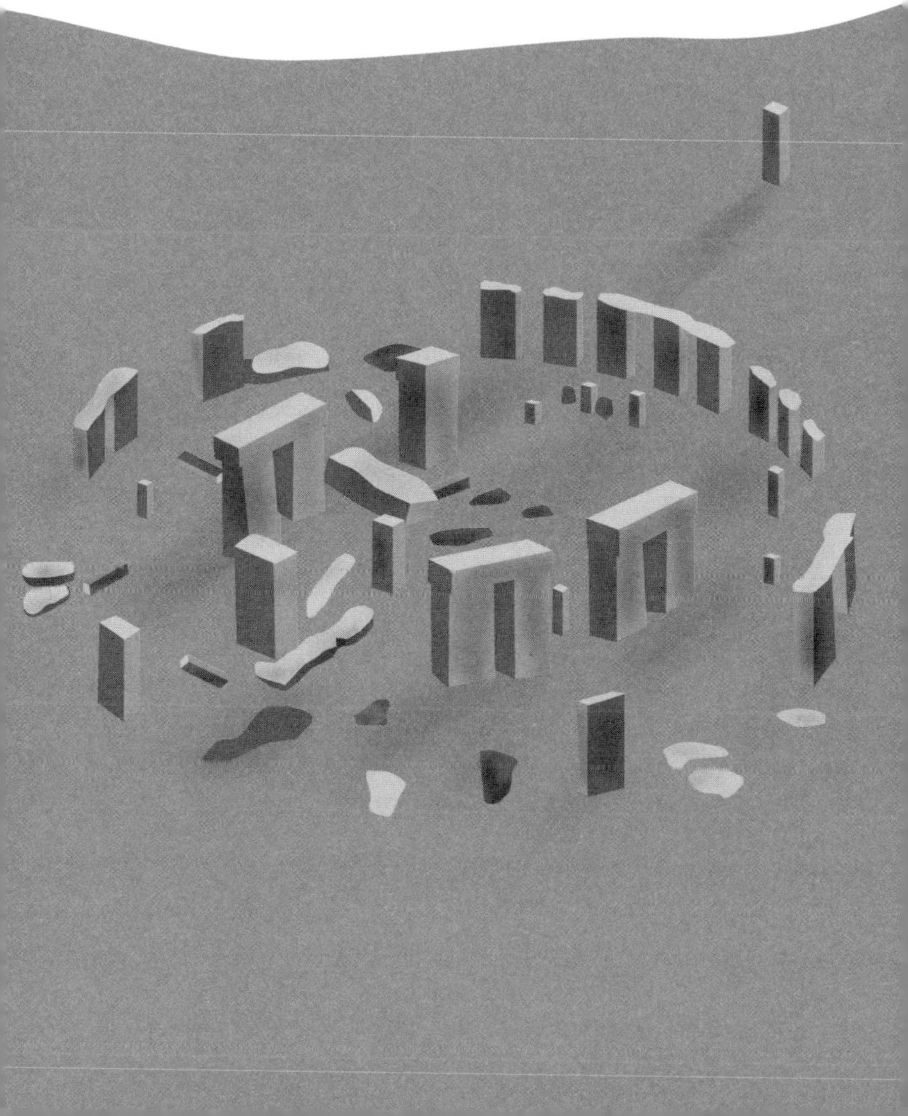

Hieroglyphenalphabet

Aztekischer Tonalpohualli-Kalender

Dieser Wahrsagerkalender teilt die Zeit in Zyklen von 260 Tagen zu je 20 aztekischen Wochen von 13 Tagen. Die 20 Wochen sind:

1. Cipactli
Alligator

2. Ehecatl
Wind

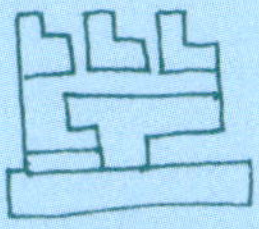

3. Calli
Haus

4. Cuetzpalin
Eidechse

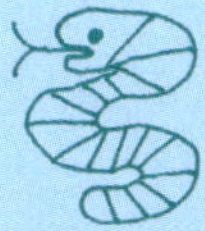

5. Coatl
Schlange

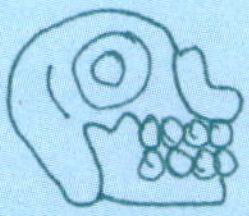

6. Miquiztli
Tod

7. Mazatl
Hirsch

8. Tochtli
Kaninchen

9. Atl
Wasser

10. Itzcuintli
Hund

11. Ozomahtli
Affe

12. Malinalli
Gras

13. Acatl
Rohr

14. Ocelot
Jaguar

15. Cuauhtli
Adler

16. Cozcacuauhtli
Geier

17. Ollin
Bewegung

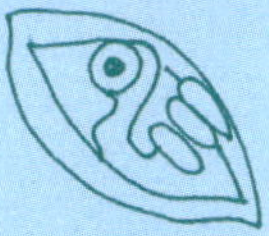

18. Tecpatl
Feuerstein

19. Quiahuitl
Regen

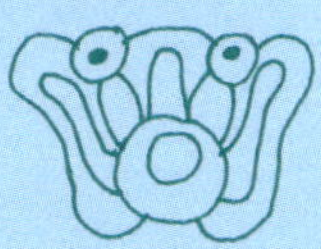

20. Xochitl
Blume

Theorien zum Pyramidenbau

Spiralrampe

Die Steine wurden über eine äußere Rampe transportiert, die sich korkenzieherartig an der Außenseite der Pyramide emporwand.

Gerade Rampe

Um eine gleichbleibende Steigung zu erhalten, musste die gerade Rampe mit zunehmender Höhe der Pyramide immer weiter verlängert werden.

Mumifizierung

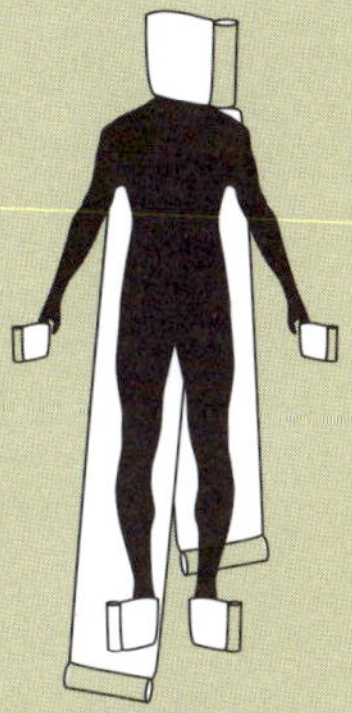

Kopf, Finger und Zehen werden in Leinen gepackt.

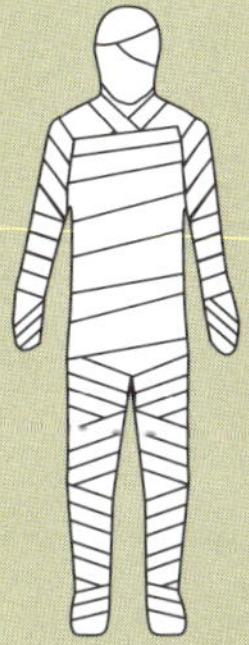

Arme und Beine werden mit Leinenbinden umwickelt. Zwischen die einzelnen Lagen werden Amulette gelegt.

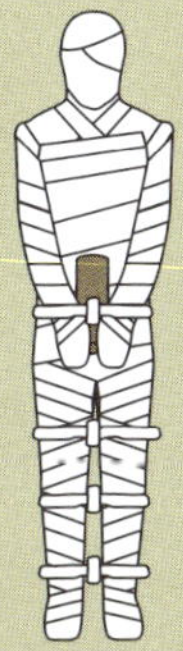

Arme und Beine werden aneinandergelegt, zwischen die Hände kommt das Totenbuch mit Zauber- und Beschwörungsformeln.

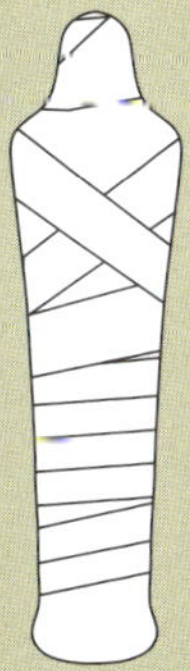

Weitere Bandagen

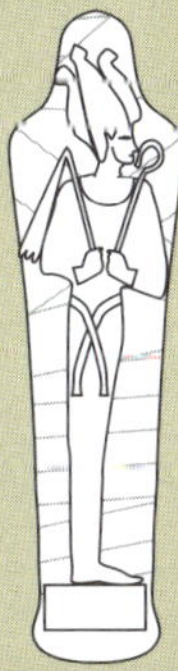

Die Mumie wird mit einem Bild des Gottes Osiris bemalt.

Nachdem die Mumie in große, mit Bändern befestigte Tücher gehüllt wurde, wird sie in einen inneren und einen äußeren Sarg gelegt.

Furoshiki

Das traditionelle japanische Einschlagtuch

1.

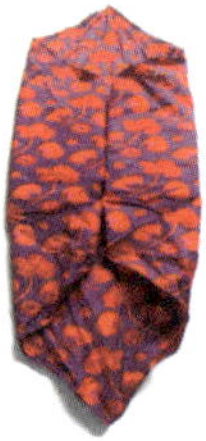

2.

3.

4.

5.

1.

2.

3.

4.

5.

1.

2.

3.

4.

5.

1.

2.

3.

4.

5.

T-Shirt zusammenlegen

1.

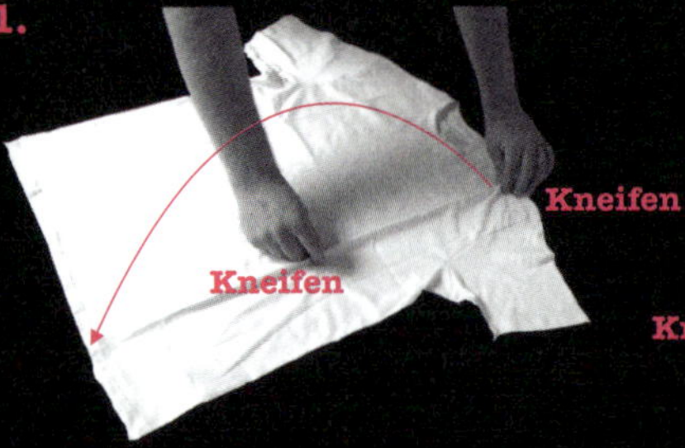

2.

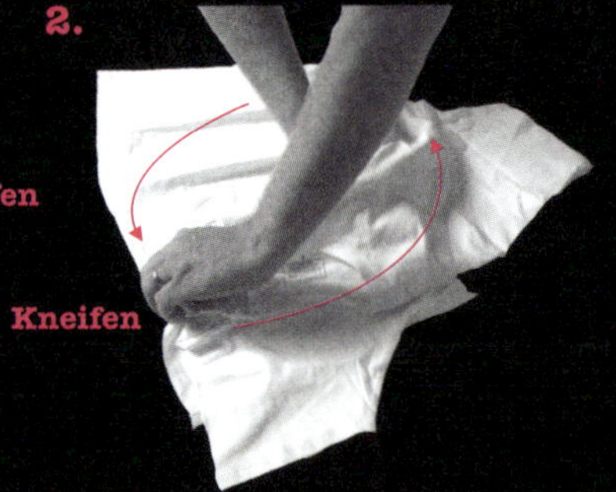

3.

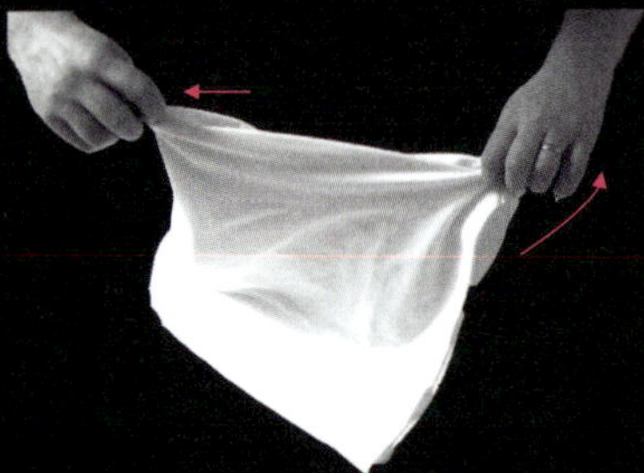

4.

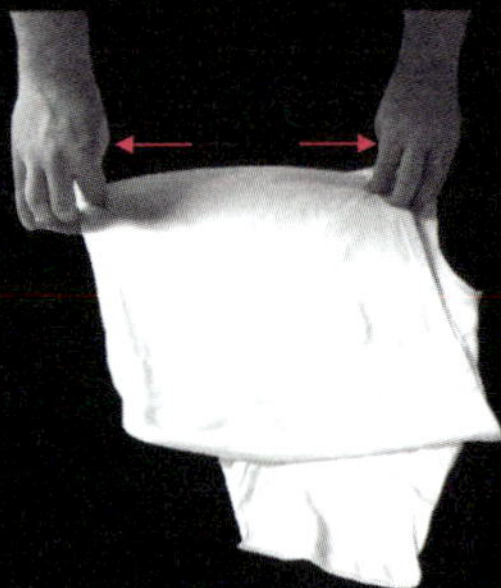

5.

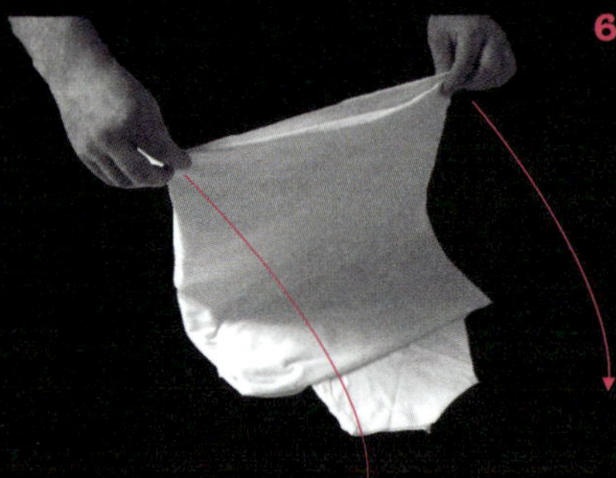

6.

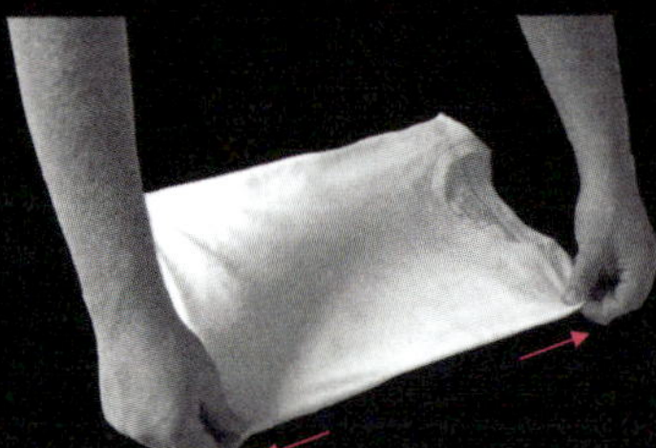

Hemdkragen

London

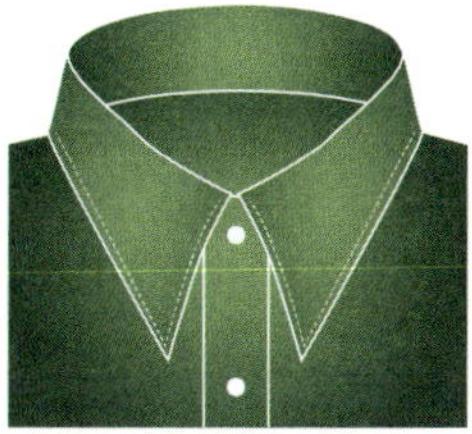

King

Rundkragen London

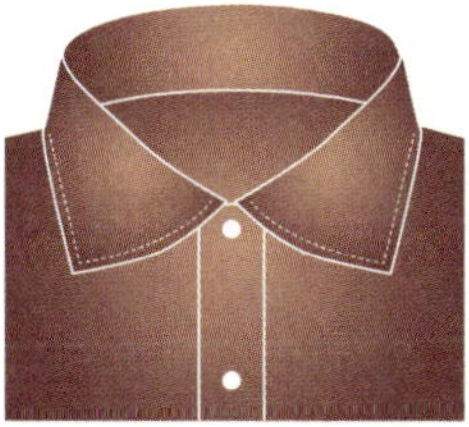

Haifischkragen

Windsor

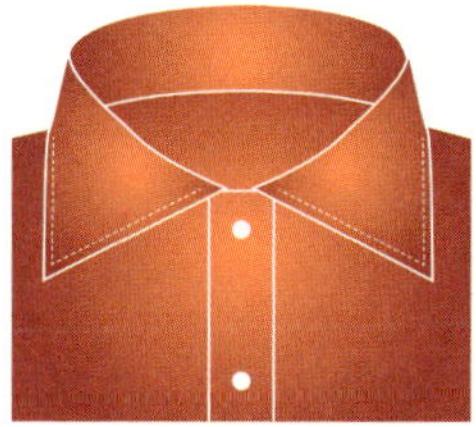

Kent

Button down

Tabkragen

Picadilly

Polizeimützen

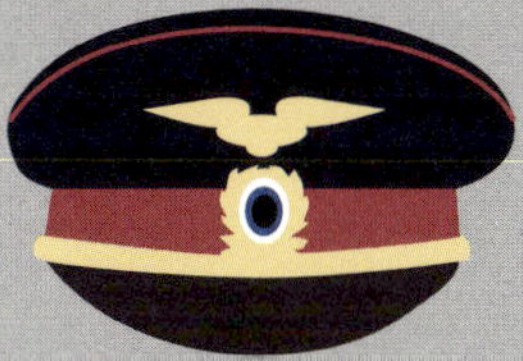
Russland

Finnland

Ägypten

Niederlande

Bulgarien

Schweiz

Großbritannien

Schweden

Südafrika

Der Mord an John F. Kennedy

Dallas, Texas, Freitag, 22. Nov. 1963, 12:30 Uhr

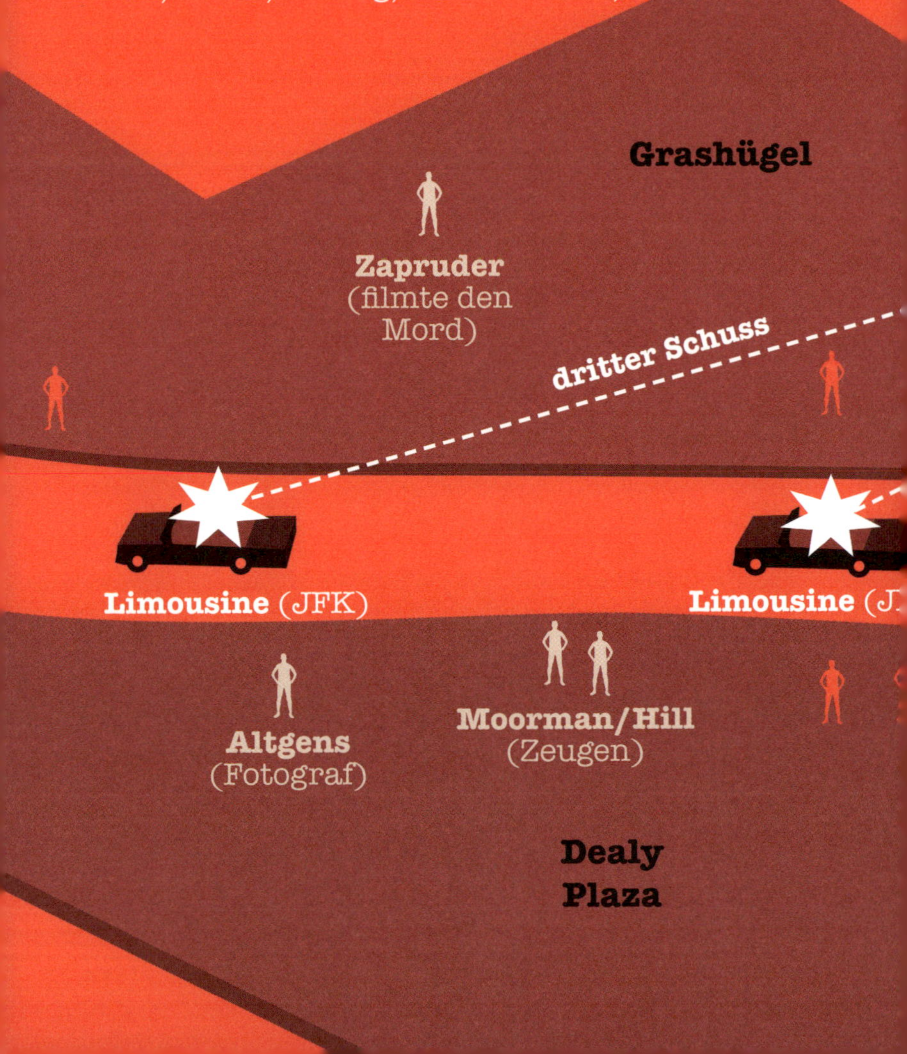

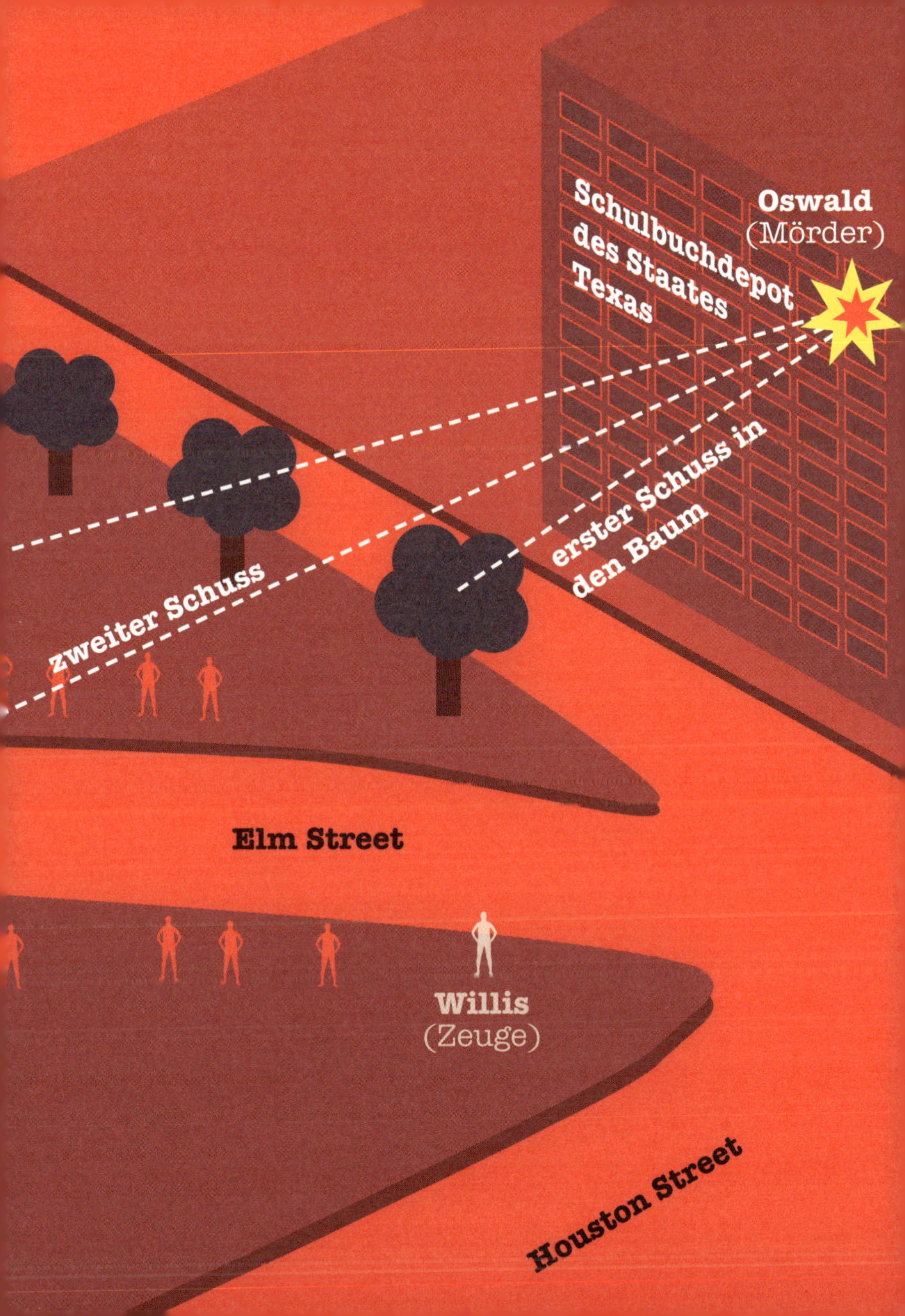
Schulbuchdepot des Staates Texas
Oswald
(Mörder)
erster Schuss in den Baum
zweiter Schuss
Elm Street
Willis
(Zeuge)
Houston Street

Outlaws

Robert »Bob« Ford
1862–1892
Tat: erschoss Jesse James
Tod: von Edward O'Kelley erschossen

....

Edward Capehart O'Kelley
1858–1904
Tat: ermordete Robert Ford
Tod: von Polizisten erschossen

....

Jesse James
1847–1882
Tat: Bankräuber, Mörder, Wegelagerer
Tod: von Robert Ford erschossen

....

Butch Cassidy
1866–1908
Richtiger Name: Robert LeRoy Parker
Tat: Eisenbahn- und Bankraub
Tod: ungewiss

....

The Sundance Kid
1867–1908
Richtiger Name: Harry Longabaugh
Tat: Pferdediebstahl, Eisenbahn- und Bankraub
Tod: von Sicherheitskräften erschossen

....

Billy the Kid
1859–1881
Richtiger Name: William H Bonney
Tat: Diebstahl und Mord
Tod: von einem Sheriff erschossen

John Dillinger
1903–1934
Tat: Bankraub
Tod: von FBI-Agenten erschossen

....

Baby Face Nelson
1908–1934
Richtiger Name: Lester Joseph Gillis
Tat: Bankraub
Tod: von FBI-Agenten erschossen

....

Pretty Boy Floyd
1904–1934
Richtiger Name: Charles Arthur Floyd
Tat: Bankraub und Mord
Tod: von der Polizei erschossen

....

Machine Gun Kelly
1895–1954
Richtiger Name: George Kelly Barnes
Tat: Schmuggel, bewaffneter Raubüberfall, Entführung
Tod: Herzanfall

....

Bonnie and Clyde
Bonnie Elizabeth Parker
1910–1934
Clyde Chestnut Barrow
1909–1934
Tat: Bankraub, Überfälle auf Geschäfte und Tankstellen, Mord
Tod: von Polizisten erschossen

Strafgefangene

pro 100 000 Staatsbürger

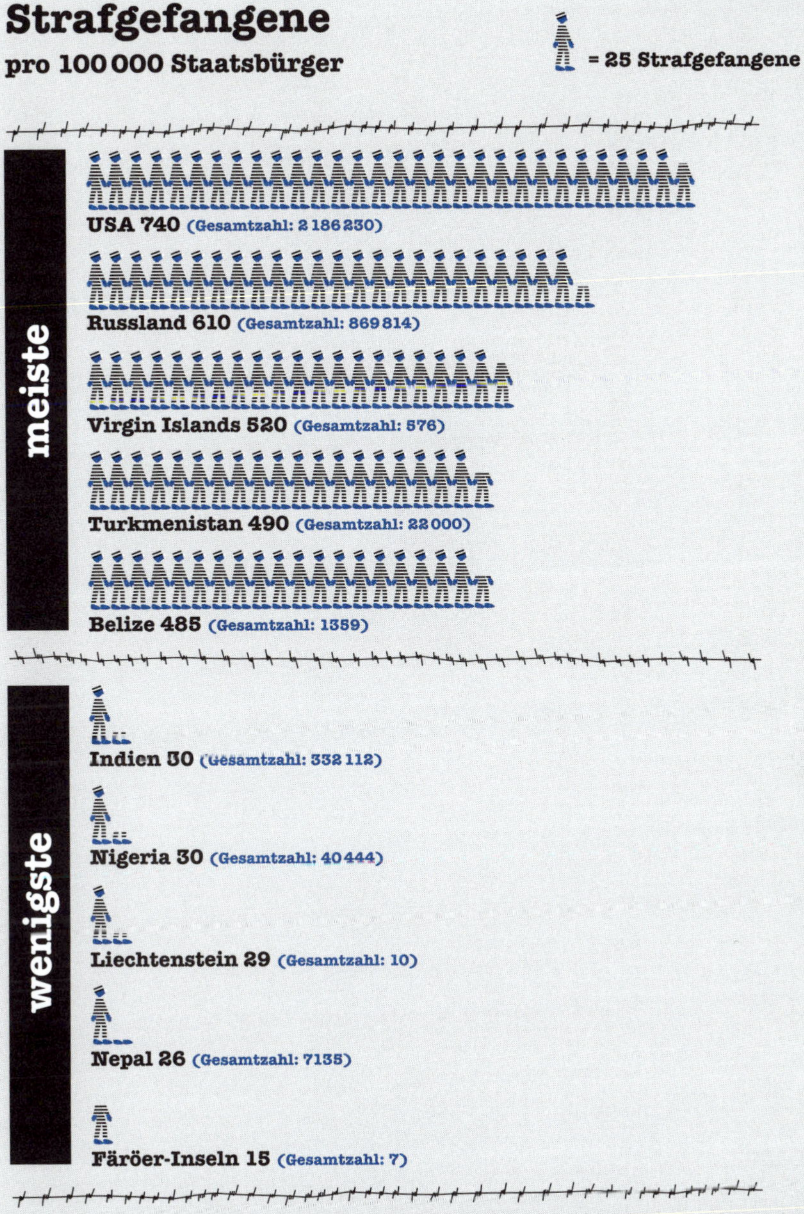

KLOPFZEICHEN

1,3 3,1 3,4 3,5 2,1 5,5 1,5 2,4 1,3 2,3 1,5 3,3

Das Klopfzeichenalphabet wird von Strafgefangenen zur Kommunikation genutzt. Geklopft wird auf Metallstangen oder Zellenwände. Jeder Buchstabe wird durch zwei Nummern definiert: die erste übermittelt den Platz auf der horizontalen, die zweite den auf der vertikalen Reihe. Jede Sequenz wird mit einem »X« abgeschlossen. »K« wird ersetzt durch »C«.

Morsezeichen

A	· –	O	– – –	.	· – · – · –
B	– · · ·	P	· – – ·	?	· · – – · ·
C	– · – ·	Q	– – · –	!	· · – – ·
D	– · ·	R	· – ·	1	· – – – –
E	·	S	· · ·	2	· · – – –
F	· · – ·	T	–	3	· · · – –
G	– – ·	U	· · –	4	· · · · –
H	· · · ·	V	· · · –	5	· · · · ·
I	· ·	W	· – –	6	– · · · ·
J	· – – –	X	– · · –	7	– – · · ·
K	– · –	Y	– · – –	8	– – – · ·
L	· – · ·	Z	– – · ·	9	– – – – ·
M	– –	&	· – · · ·	0	– – – – –
N	– ·	,	– – · · – –		

Websuffixe & Vorwahlnummern

GRÖNLAND .gl 299

ISLAND .is 354

SCHWEDEN .se 46

NORWEGEN .no 47

ESTI

LETT

KANADA .ca 1

GROSS-BRITANNIEN .uk 44

DÄNEMARK .dk 45

LI

POLE

IRLAND .ie 353

NIEDERLANDE 31 .nl

DEUTSCHLAND .de 49

TSCHE .cz 4

LUXEMBURG .lu 352

BELGIEN .be 32

ÖSTERREICH .at 43

FRANKREICH .fr 33

SCHWEIZ .ch 41

UNG .hu

USA .us 1

ANDORRA .ad 376

SPANIEN .es 34

ITALIEN 370.it

KROATIEN

ALBANI .al 35

SERBI .rs 38

PORTUGAL .pt 351

VATIKAN .va 379

MALTA .mt 356

MAROKKO .ma 212

TUNESIEN .tn 216

ALGERIEN .dz 213

LIBYE .ly 218

MEXIKO .mx 52

WESTSAHARA .eh 212

KUBA .cu 53

DOMINIKAN. REPUBLIK .do 1-809

HAITI .ht 509

PUERTO RICO .pr 1-787

BELIZE .bz 501

JAMAICA .jm 1-876

MAURETANIEN .mr 222

MALI .ml 223

NIGER .ne 227

TSCH .td 2

GUATEMALA .gt 502

HONDURAS .hn 504

SENEGAL .sn 221

BURKINA FASO .bf 226

GAMBIA .gm 220

EL SALVADOR .sv 503

NICARAGUA .ni 505

GUINEA BISSAU .gw 245

NIGERIA .ng 234

COSTA RICA .cr 506

PANAMA .pa 507

GUINEA .gn 224

TOGO .tg 228

BENIN .bj 229

VENEZUELA .ve 58

GUYANA .gy 592

SIERRA LEONE .sl 232

ELFEN-BEIN-KÜSTE .ci 225

KAMERUN .cm 237

FR.GUYANA .gf 594

LIBERIA .lr 231

GHANA .gh 233

KOLUMBIEN .co 57

SURINAM .sr 597

ÄQUATORIAL-GUINEA .gq 240

KONGO

ECUADOR .ec 593

GABUN .ga 241

PERU .pe 51

BRASILIEN .br 55

ANGOL .ao 244

BOLIVIEN .bo 591

NAM .na

PARAGUAY .py 595

CHILE .cl 56

ARGENTINIEN .ar 54

SÜD AFR .za

URUGUAY .uy 598

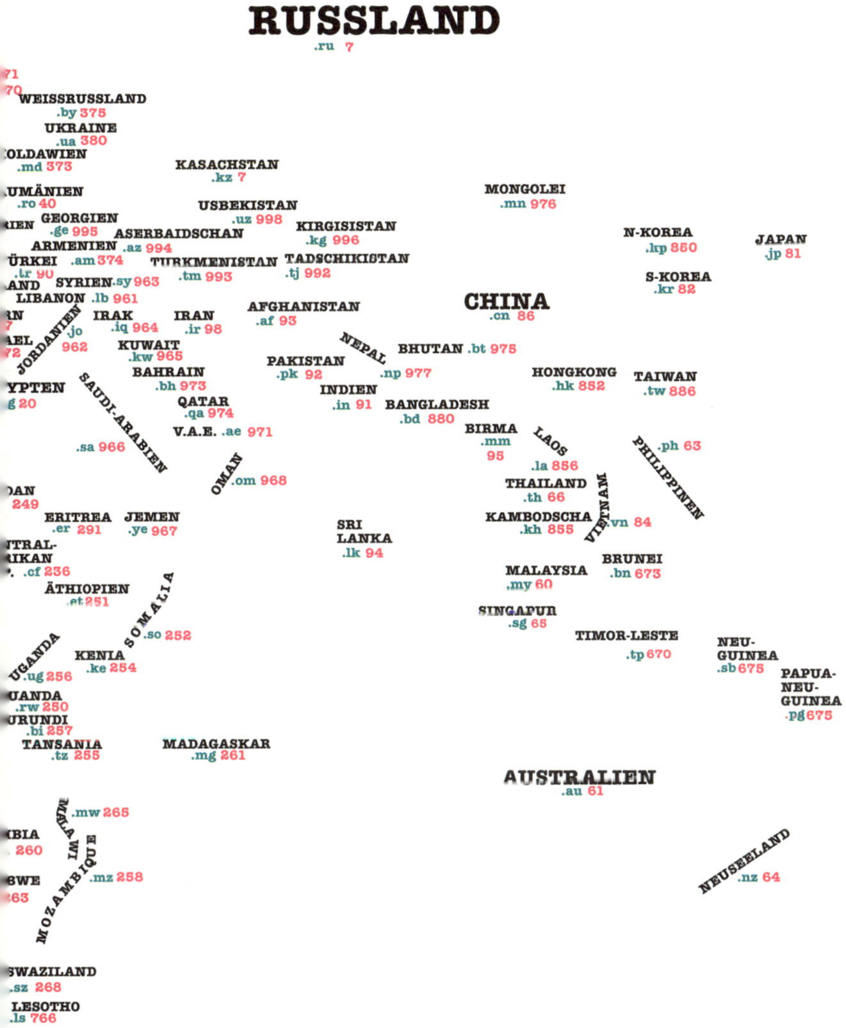
RUSSLAND
.ru 7
WEISSRUSSLAND
.by 375
UKRAINE
.ua 380
.md 373
KASACHSTAN
.kz 7
MONGOLEI
.mn 976
.ro 40
USBEKISTAN
.uz 998
GEORGIEN
.ge 995
ASERBAIDSCHAN
.az 994
KIRGISISTAN
.kg 996
N-KOREA
.kp 850
JAPAN
.jp 81
ARMENIEN
.am 374
TURKMENISTAN
.tm 993
TADSCHIKISTAN
.tj 992
S-KOREA
.kr 82
.tr 90
SYRIEN .sy 963
LIBANON .lb 961
CHINA
.cn 86
IRAK
.iq 964
IRAN
.ir 98
AFGHANISTAN
.af 93
JORDANIEN
.jo
962
KUWAIT
.kw 965
NEPAL
.np 977
BHUTAN .bt 975
PAKISTAN
.pk 92
BAHRAIN
.bh 973
HONGKONG
.hk 852
TAIWAN
.tw 886
INDIEN
.in 91
SAUDI-ARABIEN
.sa 966
QATAR
.qa 974
BANGLADESH
.bd 880
V.A.E. .ae 971
BIRMA
.mm
95
LAOS
.la 856
PHILIPPINEN
.ph 63
OMAN
.om 968
THAILAND
.th 66
249
ERITREA
.er 291
JEMEN
.ye 967
SRI
LANKA
.lk 94
KAMBODSCHA
.kh 855
VIETNAM
.vn 84
.cf 236
BRUNEI
.bn 673
MALAYSIA
.my 60
ÄTHIOPIEN
.et 251
SOMALIA
.so 252
SINGAPUR
.sg 65
TIMOR-LESTE
.tp 670
NEU-
GUINEA
.sb 675
UGANDA
.ug 256
KENIA
.ke 254
PAPUA-
NEU-
GUINEA
.pg 675
.rw 250
.bi 257
TANSANIA
.tz 255
MADAGASKAR
.mg 261
AUSTRALIEN
.au 61
MALAWI
.mw 265
260
MOZAMBIQUE
.mz 258
NEUSEELAND
.nz 64
SWAZILAND
.sz 268
LESOTHO
.ls 766

Taucher-

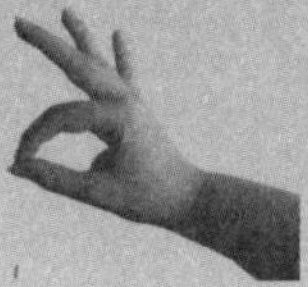

OK

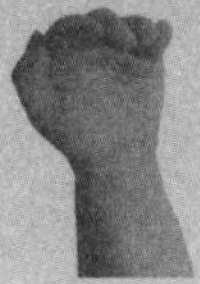

Zu mir

Beim Tauchpartner bleiben

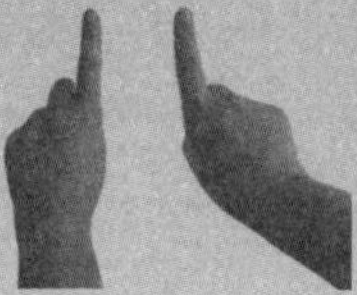

Nach oben

Du führst, ich folge

Stopp! Bleib dort!

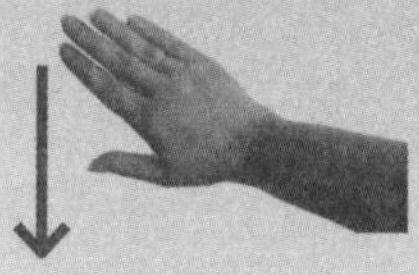

Langsam tiefer gehen

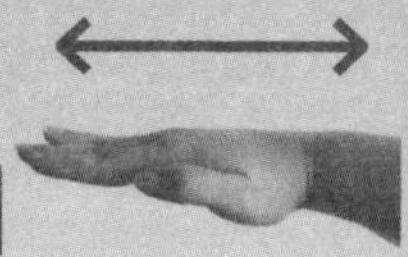

Tauchtiefe halten

Auftauchen

Abtauchen

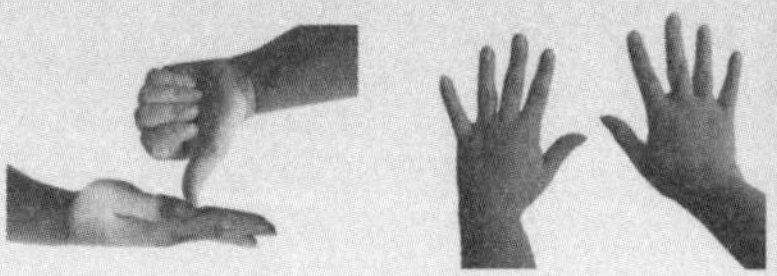

Auf 10 m Tiefe absteigen

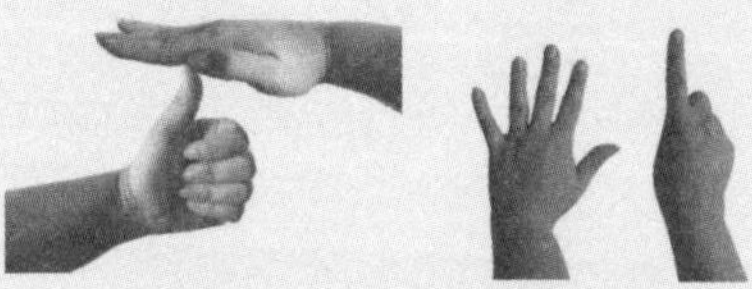

Auf 6 m aufsteigen

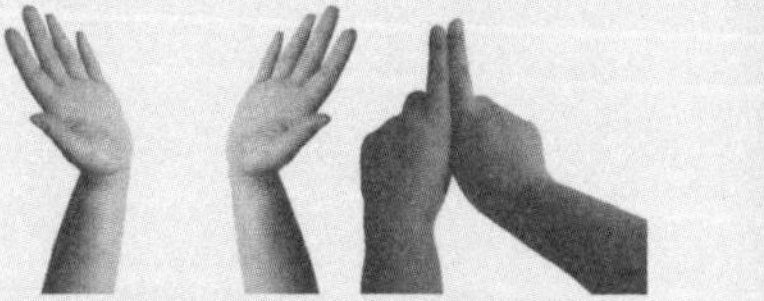

Wo ist dein Tauchpartner?

sprache

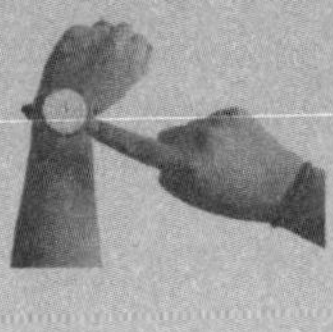

Zeit

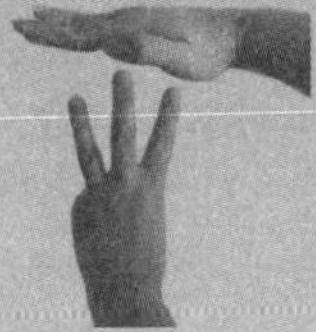

3 Minuten warten

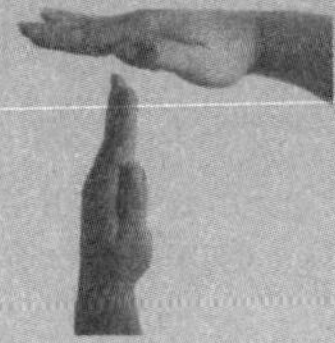

Halbzeit

Boot

Diese Richtung

Zur Basis zurückkehren

Nicht OK, habe ein Problem

Rotfeuerfisch

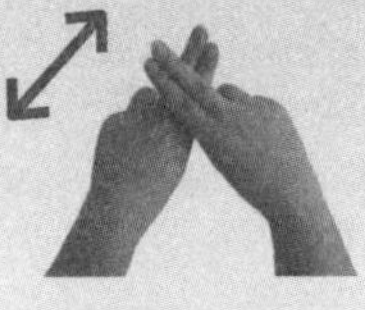

Nicht berühren

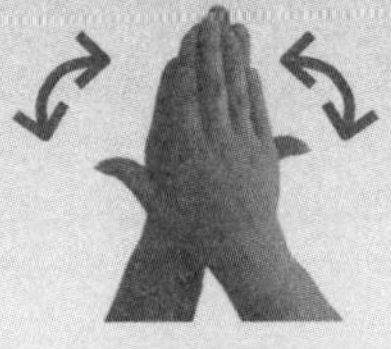

Schildkröte

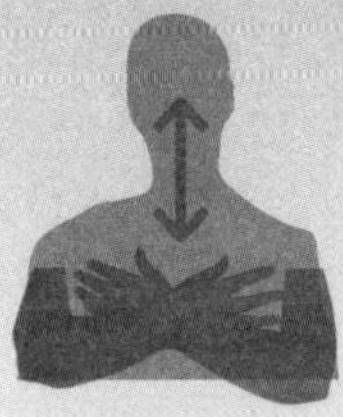

Ich friere

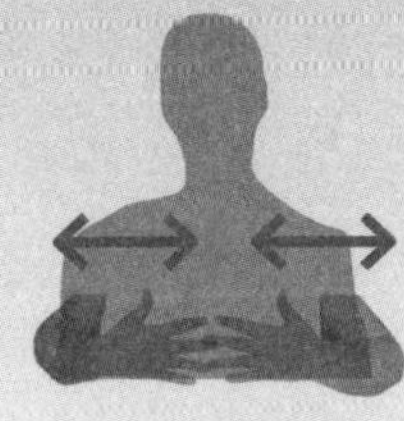

Ich bekomme keine Luft

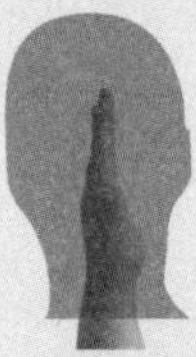

Hai

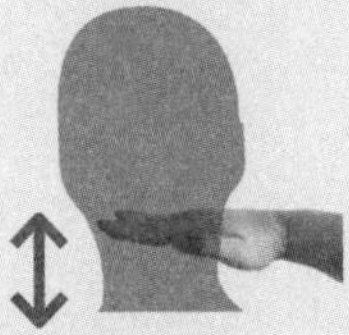

Keine Luft mehr

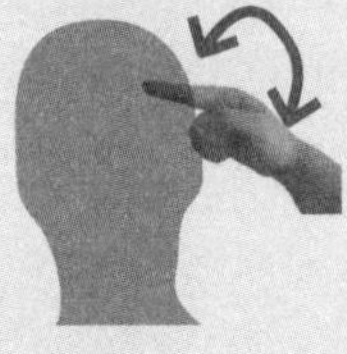

Habe Tiefenrausch-symptome

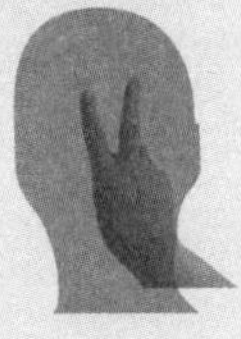

Achtung!

Brücken

Auslegerbrücke
Längste: Quebec Bridge, Kanada, 549 m

Bogenbrücke
Längste: Lupa-Brücke, Shanghai, China, 550 m

Schrägseilbrücke
Längste: Sutong-Brücke Suzhou Nantong, China, 1088 m

Hängebrücke
Längste: Akashi-Kaikyo-Brücke, Kobe-Awaji, Japan, 199 m

Balkenbrücke
Längste: Lake Pontchartrain Bridge, Louisiana, USA, 38 624 m

Lange Ströme und Kanäle, große Seen und Wasserspeicher

3. Krementschuer Stausee
6450 km²
1. Nil
6695 km
4. Jenissej-Angara
5550 km
9. Lena
4260 km
5. Buchtärma-Stausee
5490 km²
6. Ob-Irtysh
5410 km
8. Amur
4410 km
6. Baikalsee
31 500 km²
5. Huang He
5464 km
4. Victoriasee
69 485 km²
5. Tanganjika-see
32 893 km²
8. Malawisee
30 044 km²
3. Jangtsekiang
6300 km
1. Großer Kanal
1794 km
7. Kongo
4380 km

Überleben ohne Wasser

Zusammensetzung des menschlichen Körpers

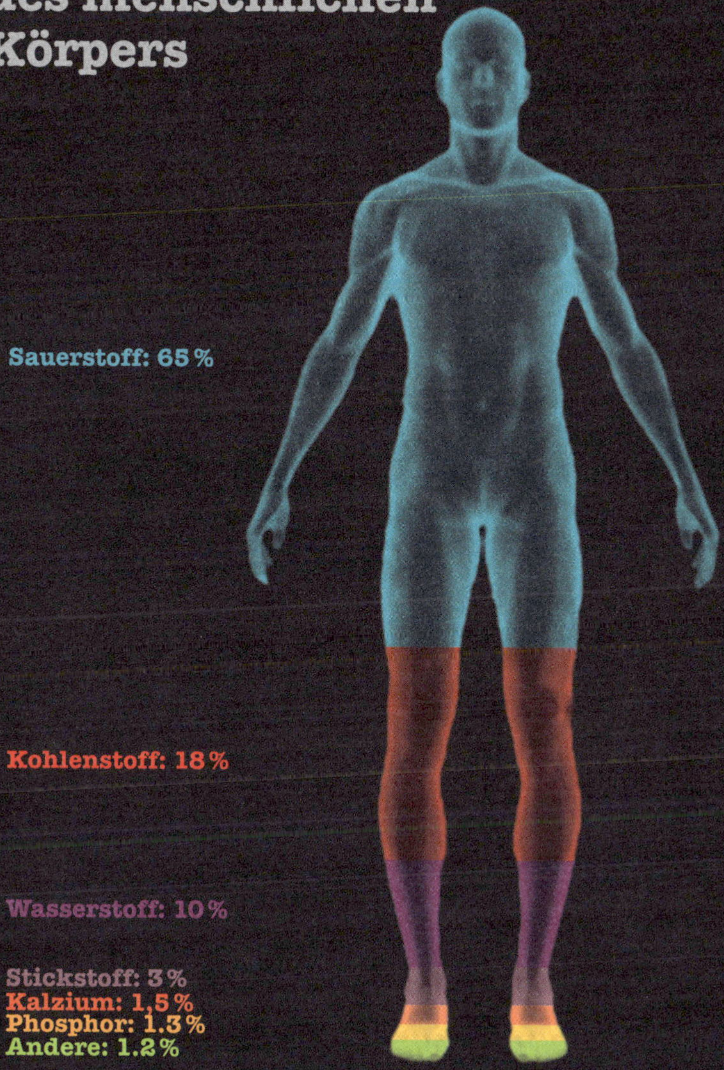

Lebensbaum

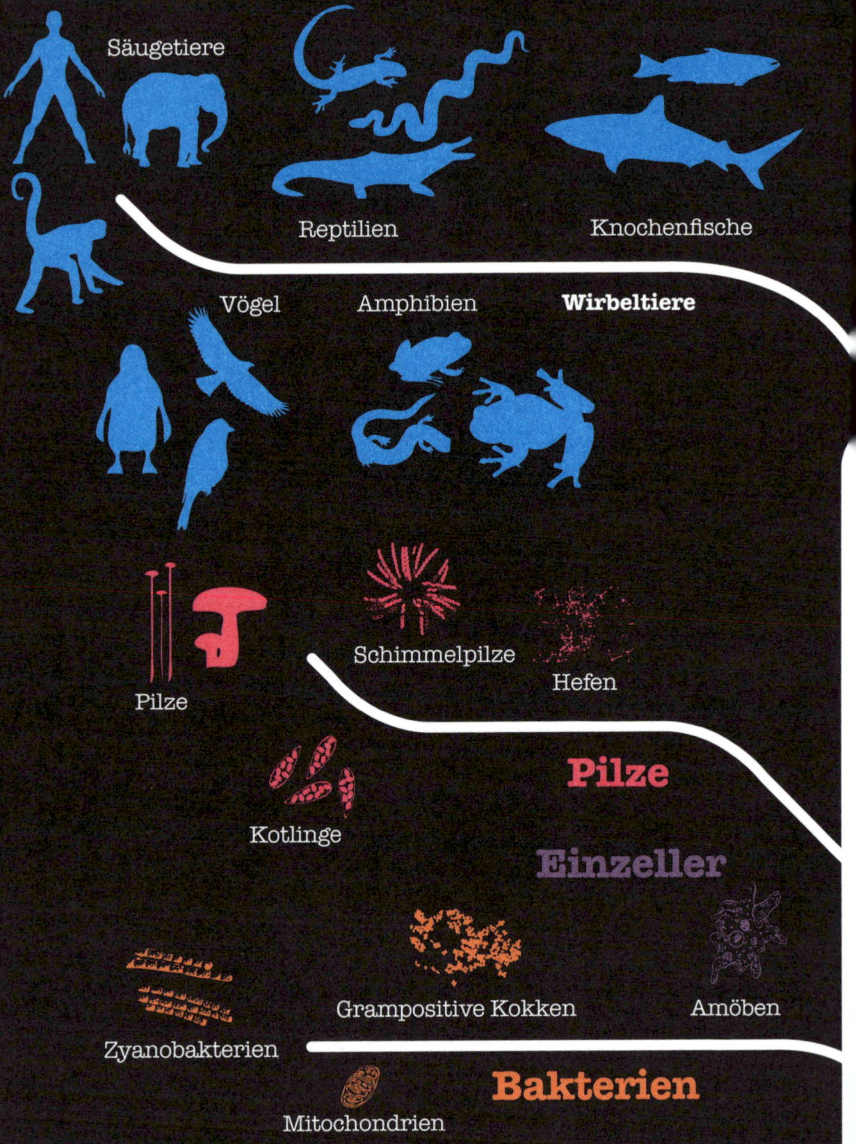
Säugetiere
Reptilien
Knochenfische
Vögel
Amphibien
Wirbeltiere
Schimmelpilze
Hefen
Pilze
Kotlinge
Pilze
Einzeller
Grampositive Kokken
Amöben
Zyanobakterien
Bakterien
Mitochondrien

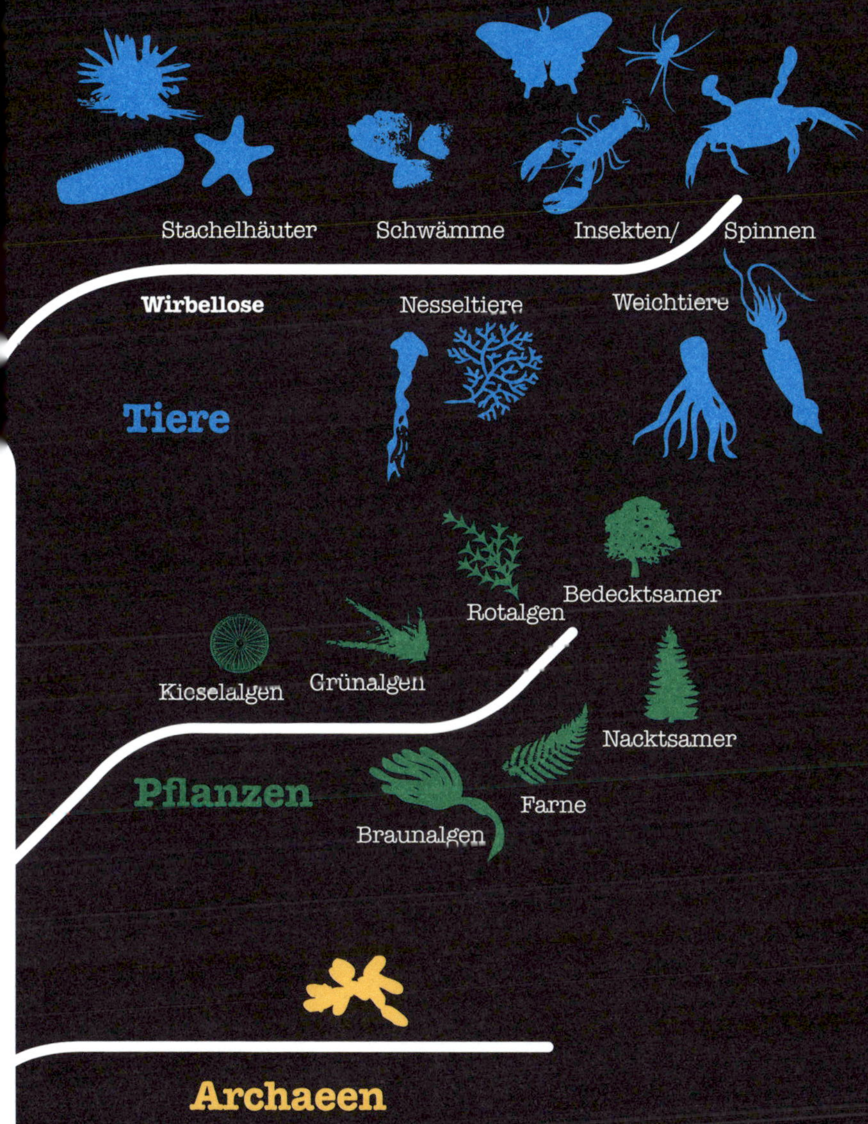

Stachelhäuter
Schwämme
Insekten/
Spinnen
Wirbellose
Nesseltiere
Weichtiere
Tiere
Bedecktsamer
Rotalgen
Kieselalgen
Grünalgen
Nacktsamer
Pflanzen
Farne
Braunalgen
Archaeen

Die Entwicklung des Menschen

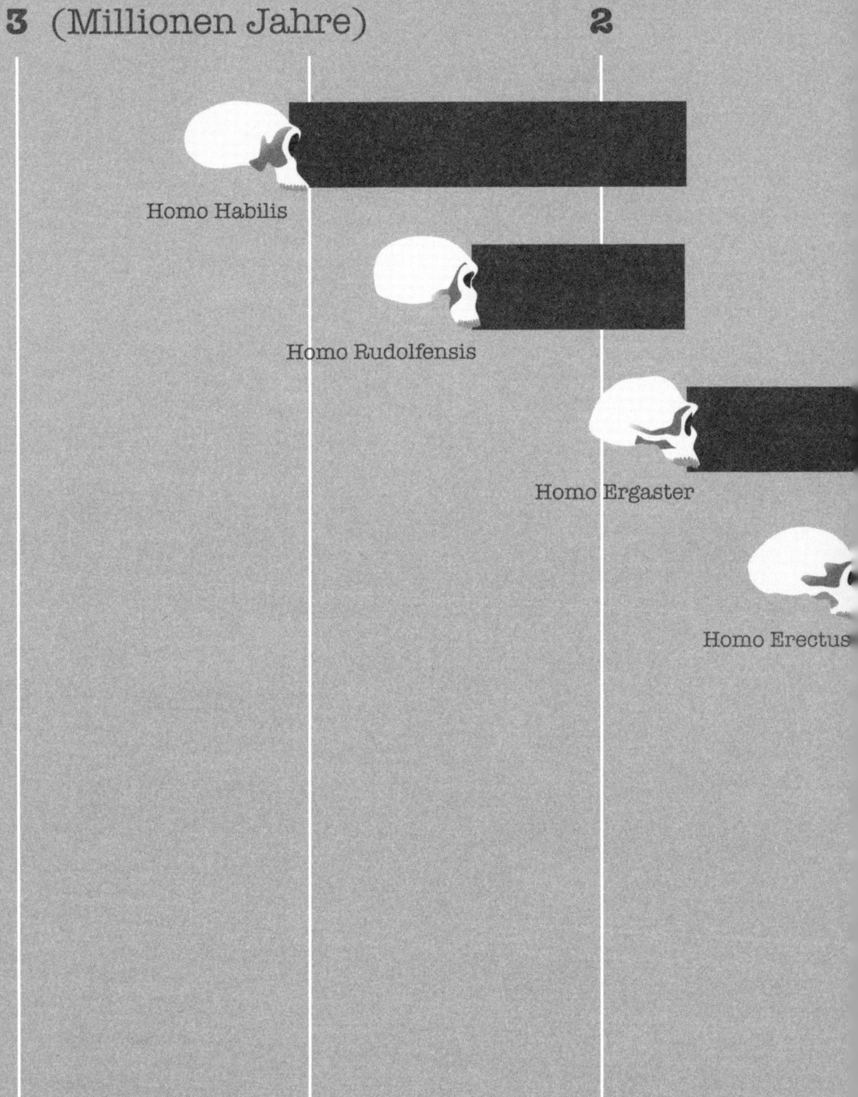

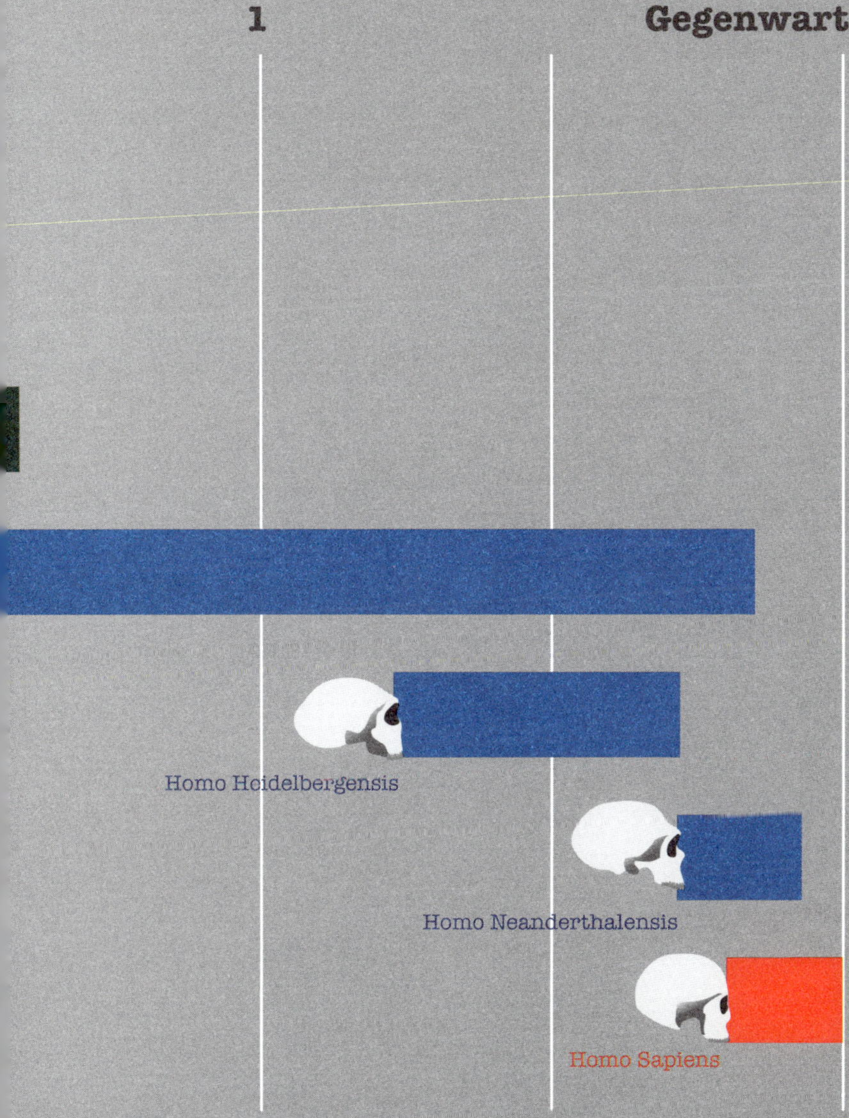
1
Gegenwart
Homo Heidelbergensis
Homo Neanderthalensis
Homo Sapiens

Ausgestorbene Tierarten

Großohrhüpfmaus
1843 ausgestorben
Südwestaustralien

Stellersche Seekuh
1768 ausgestorben
Beringmeer

Dodo
1681
ausgestorben
Mauritius

Nicht mehr gesichtet

Passagier-Taube
Letzte Sichtung 1914
Nordamerika

Berberlöwe
Letzte Sichtung 1922
Nordafrika

Jangtse-Delfin
Letzte Sichtung 2004
China

Gefährdete Tierarten

Marquesas-Eisvogel
Bestand etwa 950
Marquesas-Inseln

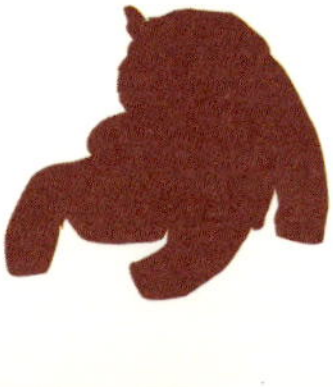

Großer Panda
Bestand etwa 1500
China

Elefant
Bestand etwa 35 000
Afrika und Asien

Riesen-
Sattelschildkröten
1795 ausgestorben
Galápagos-Inseln

Riesenfaultier
1620 ausgestorben
Nord- und
Südamerika

Syrischer Wildesel
Letzte Sichtung 1928
Asien

Kaspischer Tiger
Letzte Sichtung 1997
Asien

Gorilla
Bestand etwa 125 000
Afrika

Blauwal
Bestand etwa 12 000
Indischer Ozean und
Südpazifik

Kryptozoologie (Fabelwesen)

Monster vom
Seljordsee
Seeungeheuer
Norwegen
Yeti/
Schneemensch
Hominide
Himalaja
Allghoi Khorkhoi
Riesenwurm
Wüste Gobi, Mongolei
Tatzelwurm
Drache,
Alpen
Yeren
Rötlicher Hominide
China
Almas
Großes, behaartes
Wesen, Eurasien
Buru
Blauschwarze Riesen-
eidechse, Himalaja
Arabhar
Fliegende Schlange
Arabische See
Agogwe
Kleine, menschenartige
Zweifüßer, Ostafrika
Ahool
Riesenvampir
Java
Ebu Gogo
Kleine, behaarte
Hominiden, Indonesien
Yowie
Große, behaarte
Hominiden, Australien
Blue Mountain Panther
Schwarze Großkatze
Australien

Griechische Fabelwesen

Angebliche Flugzeugverluste

1945 US Navy Flight 19
1945 US Navy PBM-5 Mariner
1947 US Army C-54
1948 BSA Airways Avro Tudor IV
1948 Douglas DC-3 NC16002
1950 F6F-5 Hellcat
1950 F9F-2 Panther
1950 US Air Force Globemaster
1952 BSA Airways Avro York
1952 C-46 Commando
1953 US Navy T2V SeaStar
1954 US Navy R7V-1 Super Constellation
1956 US Navy P5M Marlin Seaplane
1959 Beechcraft Bonanza N4952B
1960 US Air Force F-100 Super Sabre
1961 US Air Force SAC B-52 Bomber
1962 US Air Force KB-50 Aerial Tanker
1962 US Air Force C-133 Cargomaster
1963 2 US Air Force KC-135
1963 US Air Force C-133 Cargomaster
1965 US Air Force C-119 Flying Boxcar
1966 Privately owned B-25 Mitchell
1969 Cessna 172
1971 US Air Force F-4 Phantom II Sting 27
1973 Ryan Navion
1974 Piper Cherokee
1978 US Navy KA-6D Fighting Tiger 524
1978 Argosy Airlines Douglas DC-3
1978 Caribbean Flight 912
1980 Beechcraft Baron N9027Q
1980 ERCO Ercoupe N3808H
1981 Beechcraft Bonanza N5805C
1986 Piper Cherokee N3527E
2003 Piper PA-323-300 N8224C
2005 Piper PA-23 N6886Y
2007 Piper PA-46-310P N444JH

Entdeckung des Nordpols

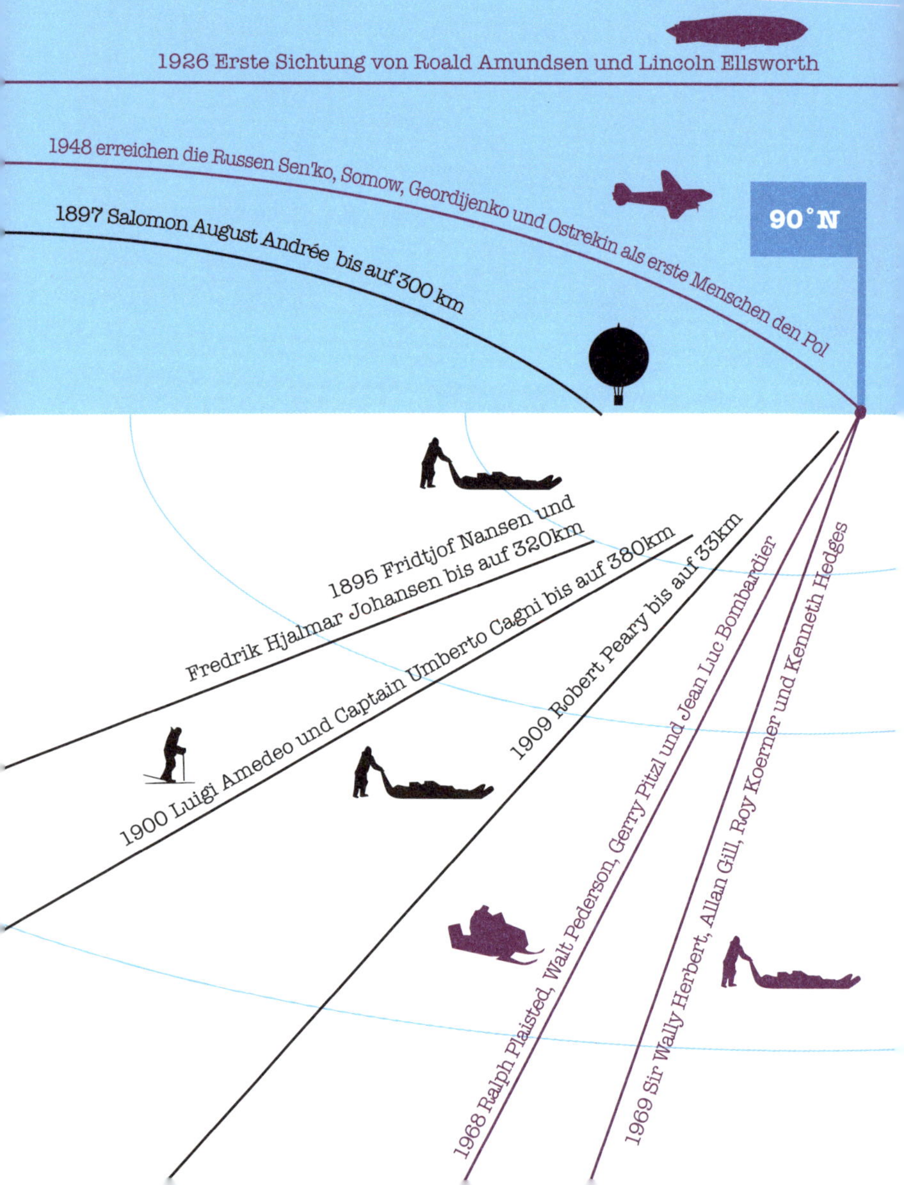

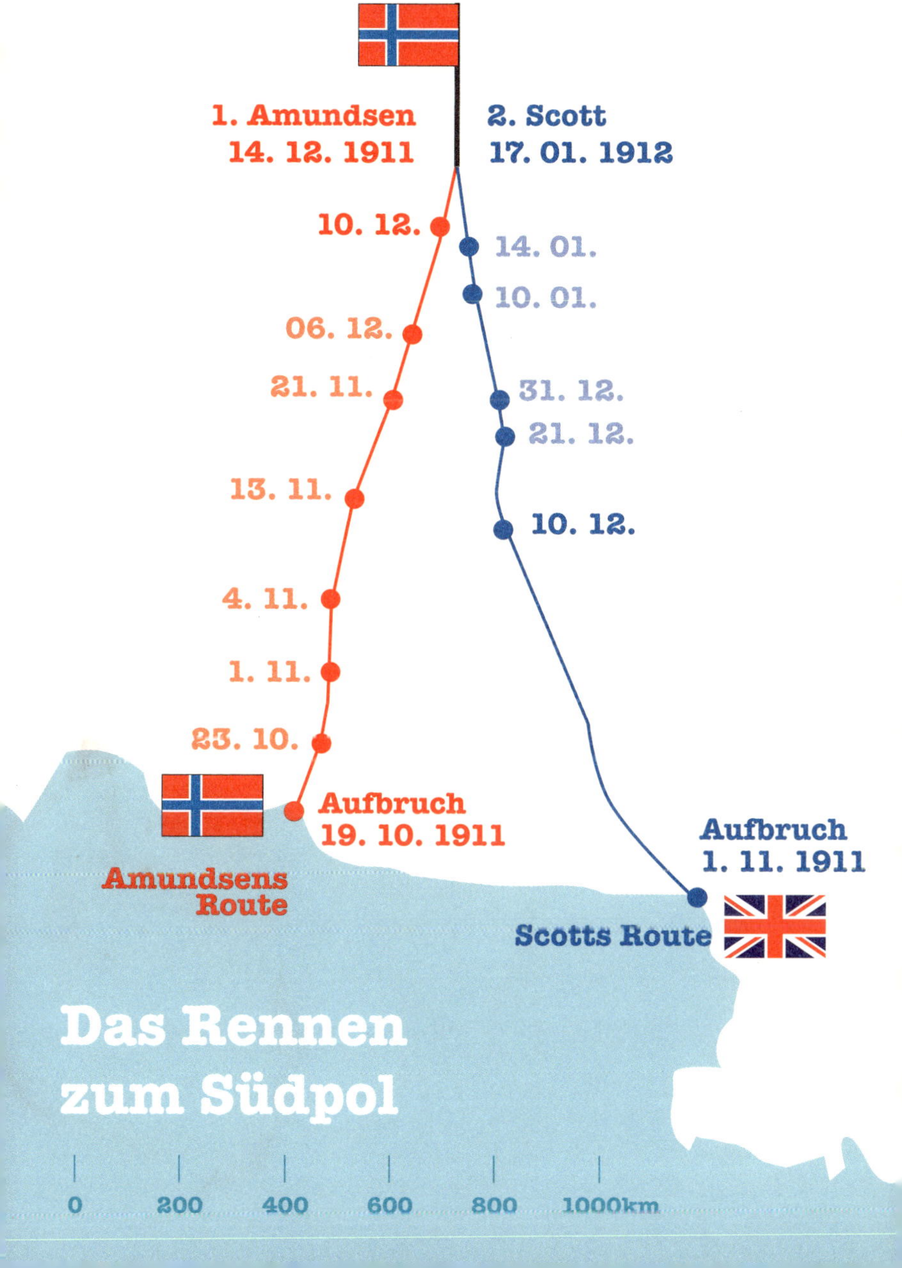
1. Amundsen
14. 12. 1911
2. Scott
17. 01. 1912
10. 12.
14. 01.
10. 01.
06. 12.
21. 11.
31. 12.
21. 12.
13. 11.
10. 12.
4. 11.
1. 11.
23. 10.
Aufbruch
19. 10. 1911
Aufbruch
1. 11. 1911
Amundsens Route
Scotts Route
Das Rennen zum Südpol
0
200
400
600
800
1000km

New York Subway

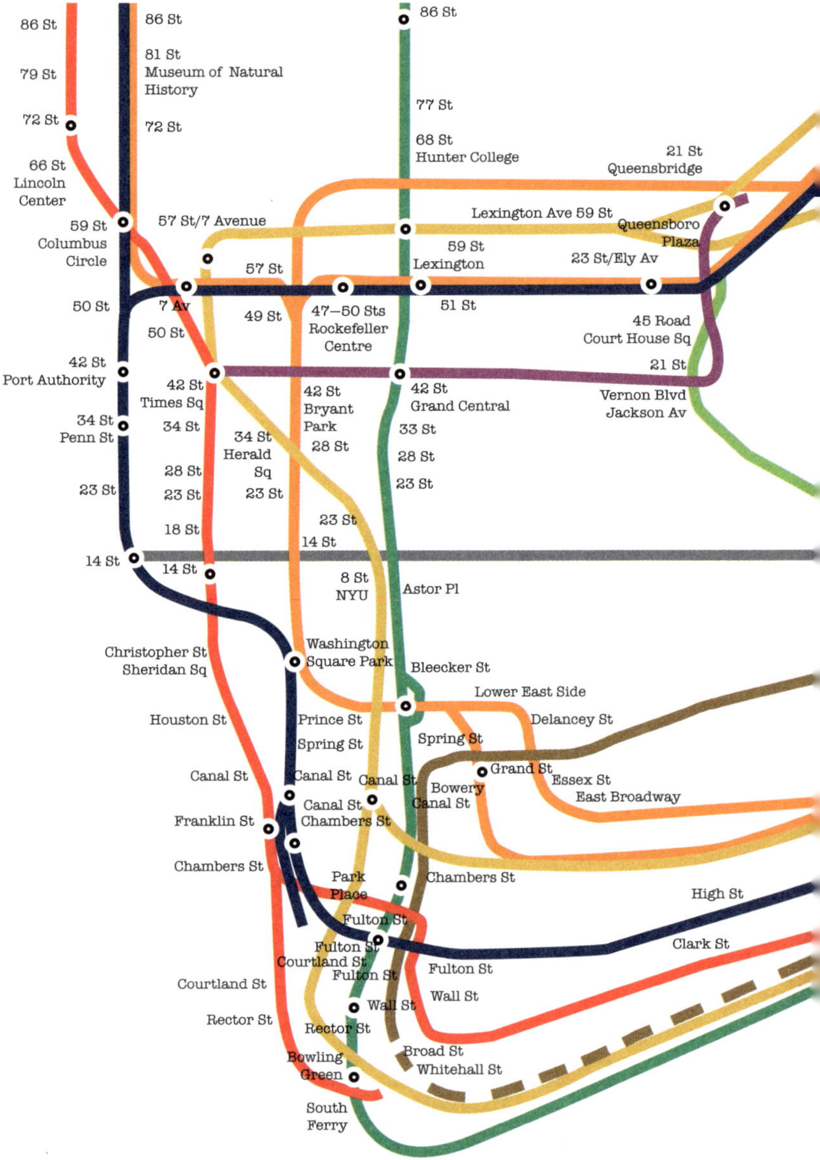

London Underground

Giganten am Straßenrand

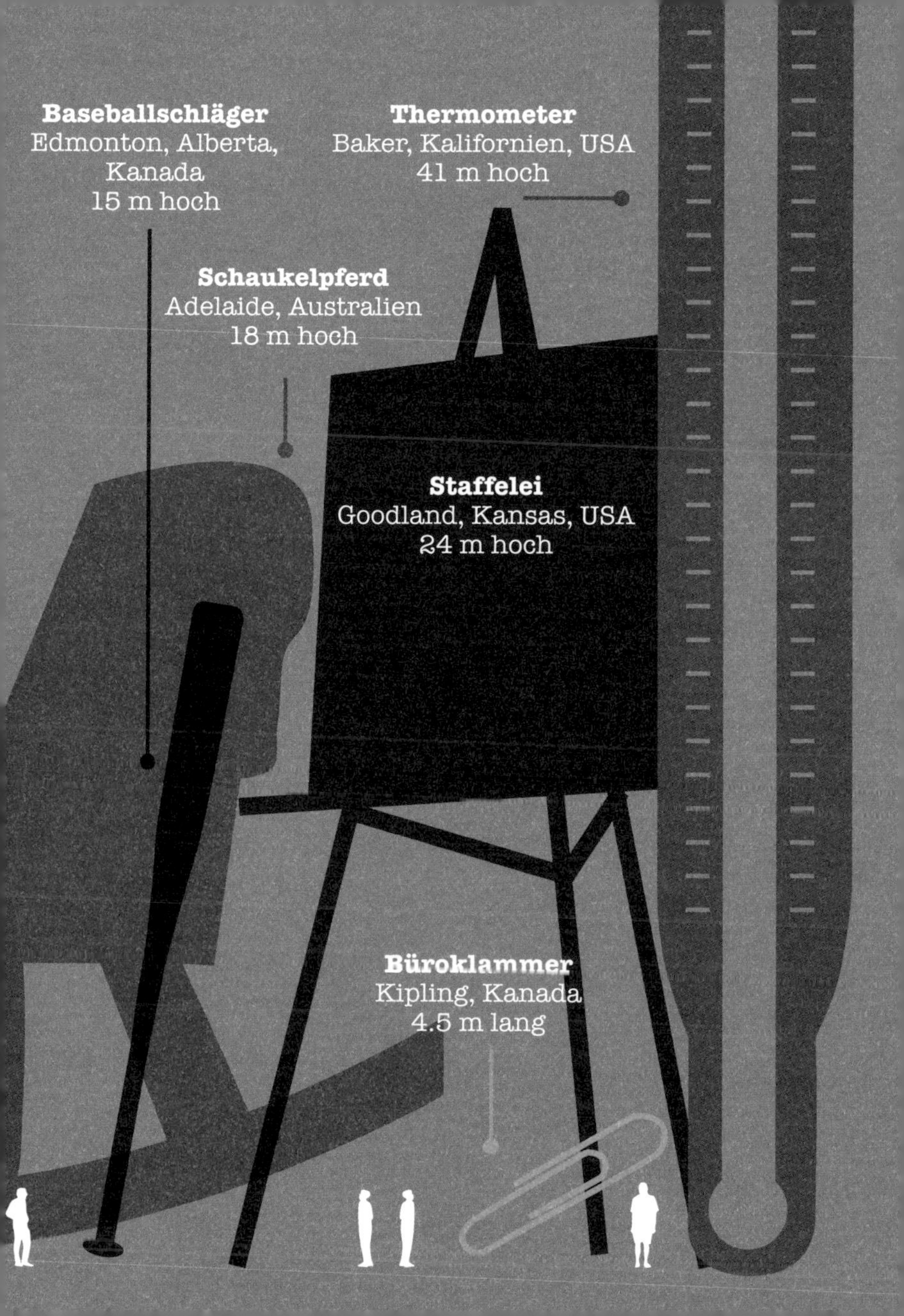
Baseballschläger
Edmonton, Alberta,
Kanada
15 m hoch
Thermometer
Baker, Kalifornien, USA
41 m hoch
Schaukelpferd
Adelaide, Australien
18 m hoch
Staffelei
Goodland, Kansas, USA
24 m hoch
Büroklammer
Kipling, Kanada
4.5 m lang

Route 66

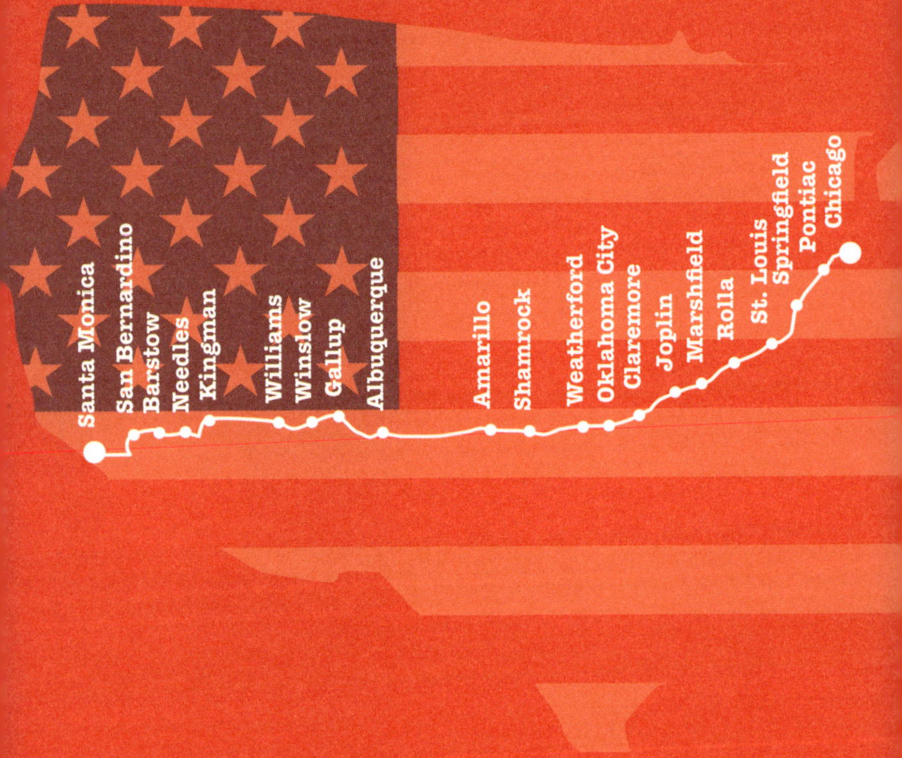
Santa Monica
San Bernardino
Barstow
Needles
Kingman
Williams
Winslow
Gallup
Albuquerque
Amarillo
Shamrock
Weatherford
Oklahoma City
Claremore
Joplin
Marshfield
Rolla
St. Louis
Springfield
Pontiac
Chicago

Orient-Express

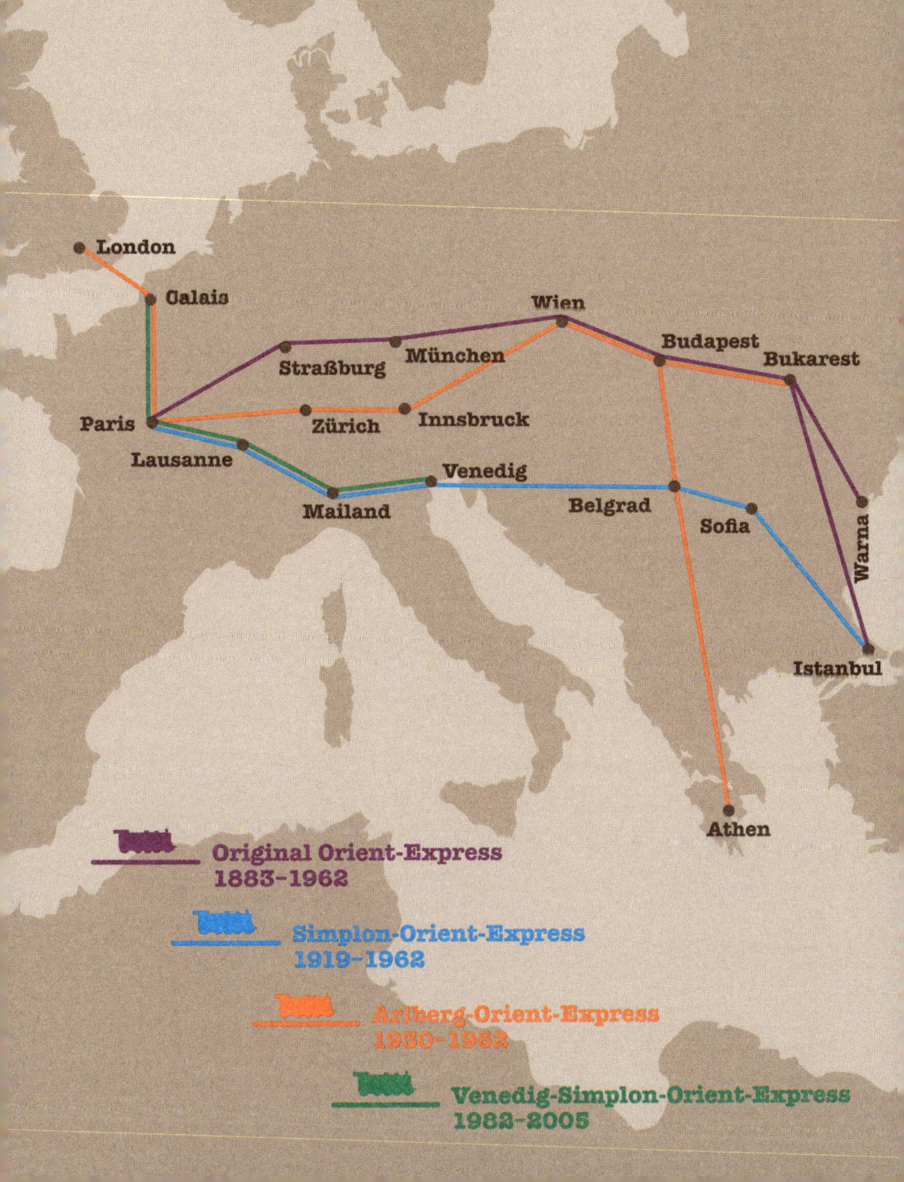

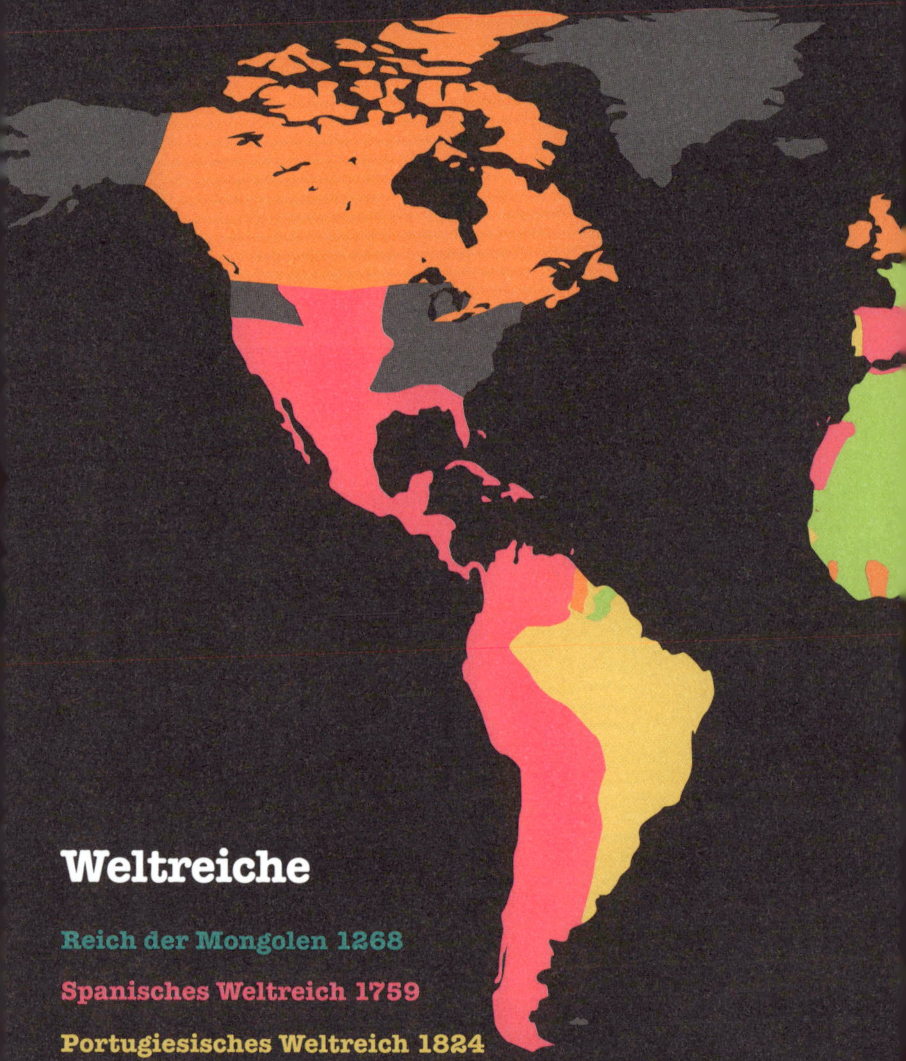
Weltreiche
Reich der Mongolen 1268
Spanisches Weltreich 1759
Portugiesisches Weltreich 1824
Britisches Empire 1922
Französisches Kolonialreich 1938

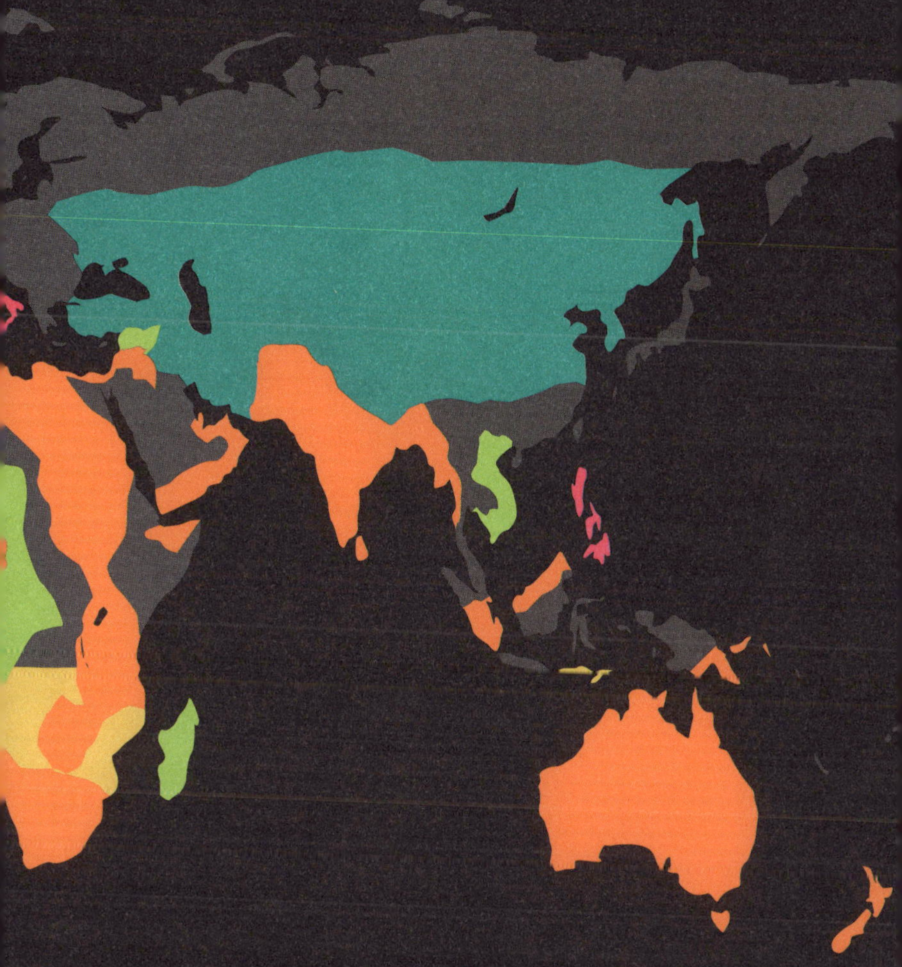

Weltsprachen

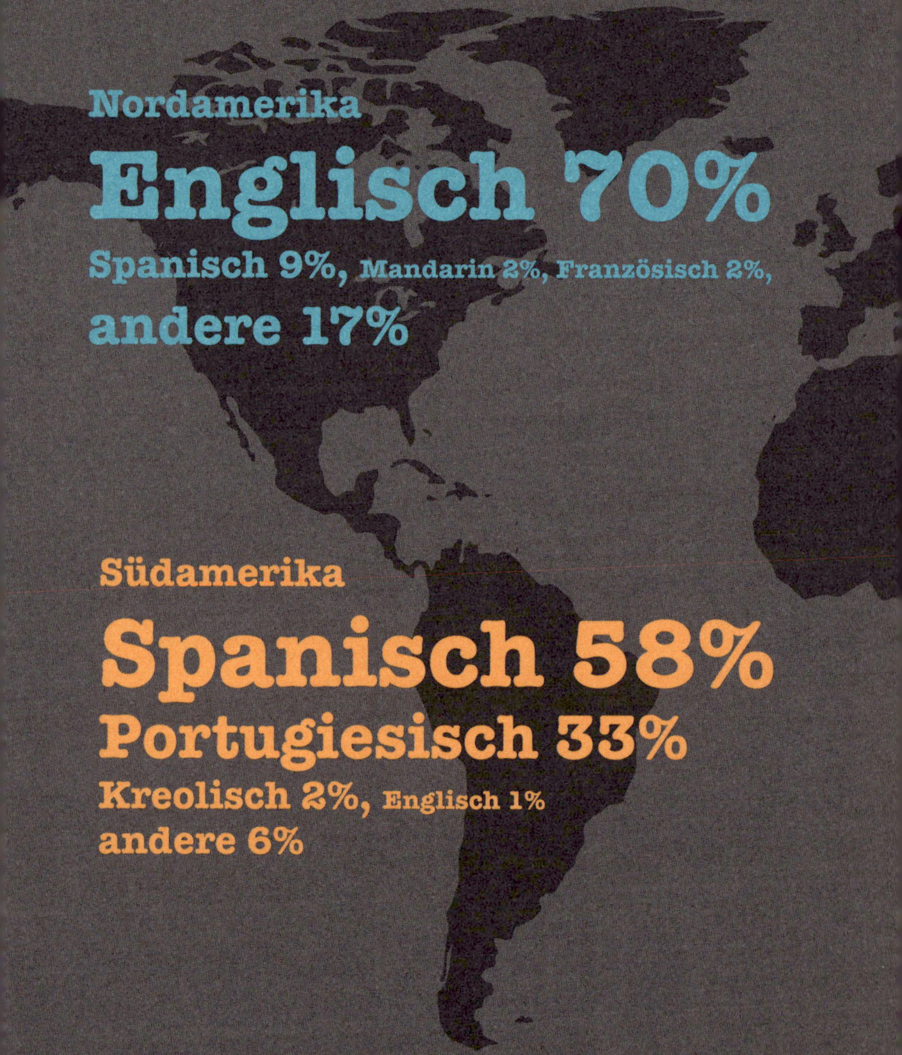

Europa (mit Russland)

Russisch 22%

Deutsch 12%

Türkisch 9%, Englisch 8%, Italienisch 8%
Französisch 8%, Polnisch 6%, Spanisch 6%
Ukrainisch 4%

andere 17%

Asien und Ozeanien

Mandarin 34%

Hindustani 12%

Bengalisch 8%
Indonesisch 6%
Japanisch 3%
Panjabi 3%

andere 34%

Afrika

Arabisch 17%

Swahili 8%, Französisch 6%
Englisch 4%, Kwa-Sprachen 4%, Hausa 3%

andere 58%

Die bevölkerungsreichsten Städte

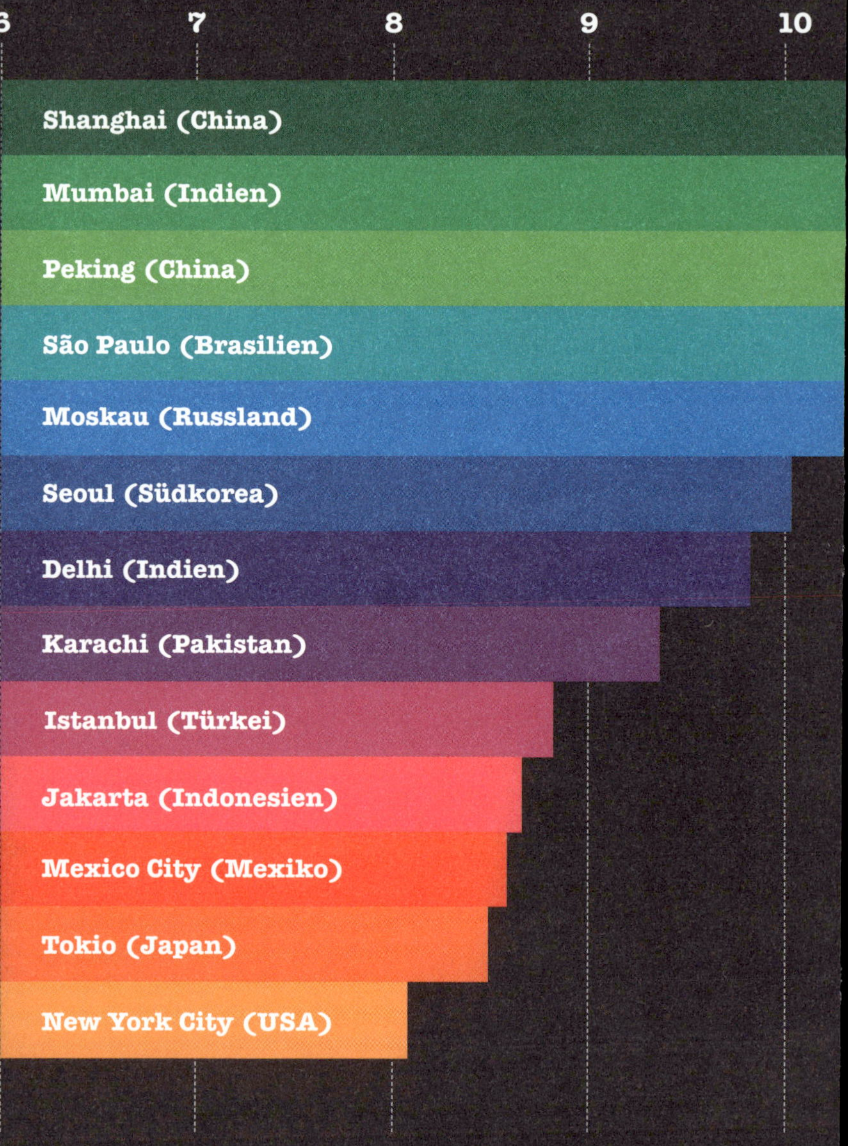

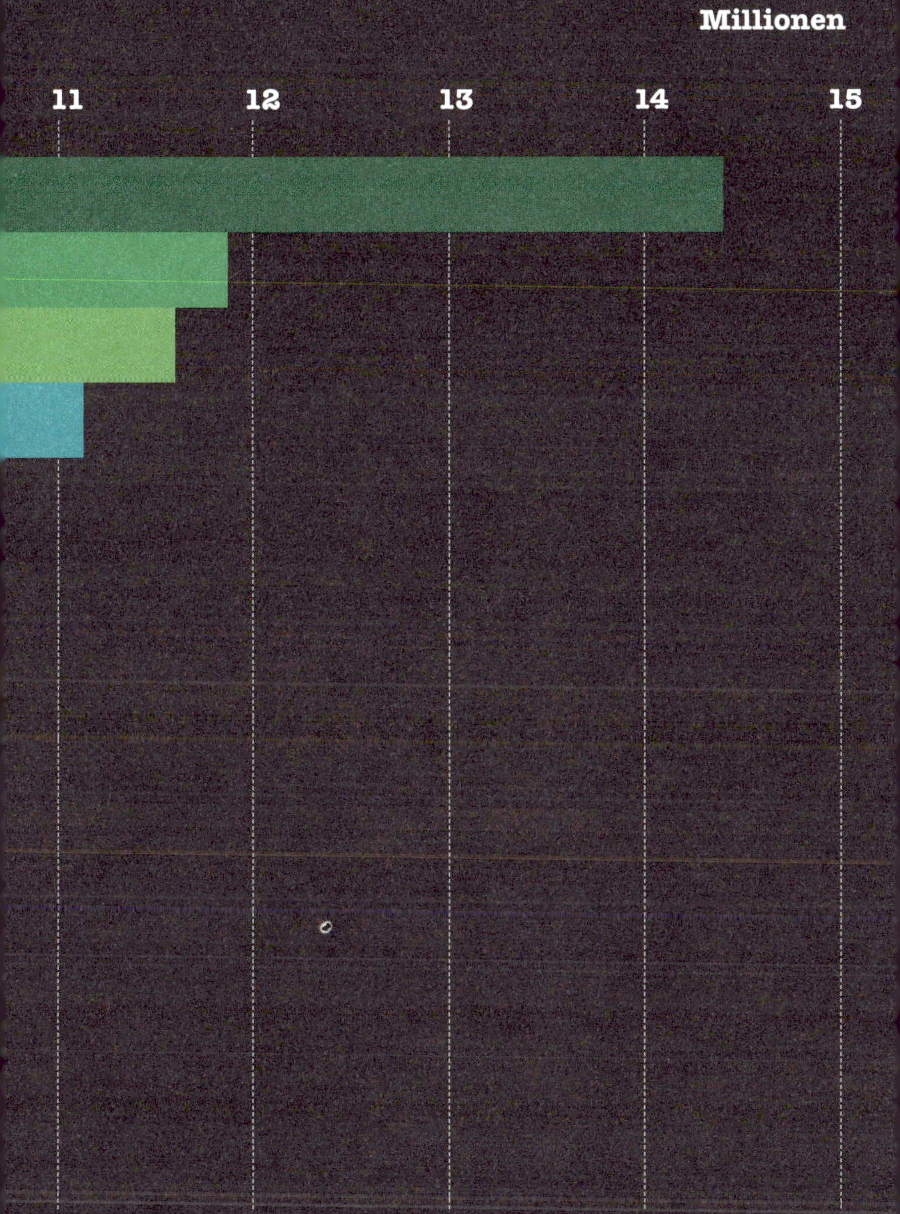

Millionen
11
12
13
14
15

Die häufigsten Familiennamen

	USA	GB	Irland
01	Smith	Smith	Murphy
02	Johnson	Jones	Kelly
03	Williams	Williams	O'Sullivan
04	Jones	Brown	Walsh
05	Brown	Taylor	Smith
06	Davis	Davis	O'Brien
07	Miller	Evans	Byrne
08	Wilson	Wilson	Ryan
09	Moore	Thomas	O'Connor
10	Taylor	Johnson	O'Neill

	Indien	China	Japan
01	Patel	Wáng	Sato
02	Shah	Lǐ	Suzuki
03	Kapoor	Zhāng	Takahashi
04	Khan	Liú	Tanaka
05	Mehra	Chén	Watanabe
06	Khanna	Yáng	Itou
07	Arora	Huáng	Yamamoto
08	Ahmed	Zhào	Nakamura
09	Kaur	Zhōu	Kobayashi
10	Qureshi	Wú	Saitou

Deutschland	Frankreich	Schweden	
Müller	Martin	Johansson	01
Schmidt	Bernard	Andersson	02
Schneider	Dubois	Karlsson	03
Fischer	Thomas	Nilsson	04
Meyer	Robert	Eriksson	05
Weber	Richard	Larsson	06
Schulz	Petit	Olsson	07
Wagner	Durand	Persson	08
Becker	Leroy	Svensson	09
Hoffmann	Moreau	Gustafsson	10

Italien	Spanien	Argentinien	
Rossi	García	Fernández	01
Russo	Fernández	Rodríguez	02
Ferrari	González	González	03
Esposito	Rodríguez	García	04
Bianchi	López	López	05
Romano	Martínez	Martínez	06
Colombo	Sánchez	Pérez	07
Ricci	Pérez	Álvarez	08
Marino	Martín	Gómez	09
Greco	Gómez	Sánchez	10

75. Kronjuwelen
70. Gnade
65. Eisen

60. Diamanten
50. Gold
40. Rubin

35. Leinen 30. Perlen
25. Silber
20.Porzellan 15.Veilchen
12.Nickel

10. Rosen 9. Keramik
8. Blech 7. Kupfer 6. Zinn
5. Holz 4. Seide
3. Leder 2. Baumwolle
1. Papier

Hochzeitsjubiläen

Trinksprüche

Spanisch	Salud
Englisch	Cheers
Albanisch	Gezuar
Arabisch	Fisehatak
Deutsch	Prost
Iranisch	Vashi
Chinesisch	Gan bei
Kroatisch	Zivjeli
Dänisch	Skaal
Estnisch	Tervist
Finnisch	Kippis
Französisch	Santé
Hawaiianisch	Hipahipa
Indonesisch	Pro
Italienisch	Salute
Japanisch	Kampai
Norwegisch	Skal
Portugiesisch	Saúde
Swahili	Afya
Thai	Choc-tee
Vietnamesisch	Chia
Zulu	Oogy wawa

Herstellung von Champagner

Cuvée wählen (aus Trauben der Sorten Chardonnay, Schwarzriesling oder Spätburgunder, sortenrein oder verschnitten).

Hefe und Zucker zum Grundwein geben und die Flasche verschließen.

Durch die zweite Gärung steigt der Alkoholgehalt um rund 1,2 %. CO_2 löst sich im Wein und sorgt für die Blasenbildung.

Durch Rütteln und Auf-den-Kopf-stellen sammelt sich die Hefe im Hals.

Beim »Dégorgieren« wird die Hefe im Flaschenhals eingefroren, die Flasche geöffnet und der Hefepfropfen entfernt.

Zuletzt wird der Champagner mit der »Dosage« – süßem Wein – aufgefüllt und verkorkt.

Champagnerflaschen

Trinkgläser

Schnaps

Cognac

Sherry

Wein

Schaumwein-
schale

Schaumwein-
flöte

Martini

Hurricane

Piña colada

Margarita

Highball

Bierkrug

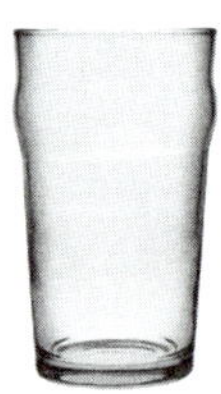
Pint-Glas

Maßkrug

Yardglas

Katergetränke

Bloody Mary
30 ml Wodka
150 ml Tomatensaft
2 ml Zitronensaft
2 Spritzer Worcestershiresauce
2 Spritzer Tabascosauce
Selleriestange
Limonenspalte
Mixen.

Prairie Oyster
1 Ei
1 Spritzer Worcestershiresauce
Salz und schwarzer Pfeffer
Das Ei in ein Glas aufschlagen, ohne den Dotter zu verletzen. In einem Zug trinken.

Hair of the Dog
120 ml Scotch
60 ml Honig
60 ml Sahne
Mixen.

Irish Breakfast
1 Espresso
2 Eier
200 ml Guinness
200 ml Milch
Mixen und gekühlt trinken.

Bloody Beer
165 ml Bier
Spritzer Zitronensaft
5 Spritzer Worcestershiresauce
5 Spritzer Tabascosauce
150 ml Tomatensaft
1 Eigelb.

Vodka Freeze
52 ml Wodka
26 ml Orangensaft
26 ml Limonade
Eis
Im Blender mixen.

Kaffeespezialitäten

Espresso

Espresso con Panna

Macchiato

Ristretto

Doppio

Carajillo

Con hielo

Cortado

Guillermo

Wasser
Espresso
Americano
Kakaopulver
Milchschaum
heiße Milch
Espresso
Cappuccino
Heiße Milch
Espresso
Flat White
Milchschaum
Heiße Milch
Espresso
Latte
Milchschaum
Heiße Vollmilch
Espresso
Breve
Schlagsahne
Heiße Milch
Schokoladensirup
Espresso
Mocha
Espresso
Vanilleeis
Affogato
Espresso
Milch
Eis
Eiskaffee
Kaffeesahne
Espresso
Bombón

Das Frühstück

Spanien
Schokolade und Churros
In Schmalz gebackenes
Spritzgebäck mit heißer
Schokoladensauce

Amerika
Pfannkuchen und Bagels

China
Reissuppe und gedämpfte
Fleischklöße

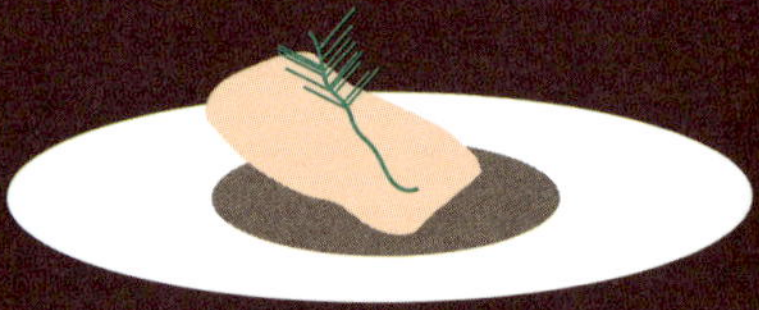

Schweden
Knäckebrot und Gravadlax
(gebeizter Lachs),
Smörgasar (belegte Roggen-
und Weizenbrotscheiben)

Türkei
Brot, Butter, Marmelade,
Honig, Oliven, Tomaten,
Gurken, Käse, Joghurt
und eingemachtes
Fleisch

Japan
Gedämpfter Reis, Miso-
suppe, gebratener Fisch
vom Grill, Omelette,
Pickles, Nori-Algen und
Natto (fermentierte
Sojabohnen)

Frankreich
Croissants, Pain au chocolat, Milchkaffee

Vietnam
Pho (Reisnudelsuppe mit Rind- oder Hühnerfleisch)

Ägypten
Foul (Favabohnenmus), Rührei, Falafel

Indonesien
Nasi goreng (Reisgericht mit mildem Curry und Hühnerfleisch oder Krabben)

Iran
Halim (Haferbrei), Mast-o-Khiar (kalte Joghurtsuppe mit Minze und Gemüse), Fladenbrot

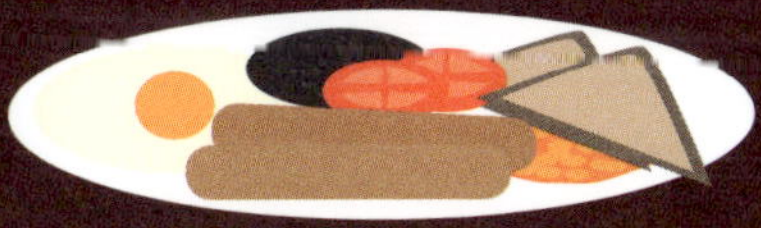

England
Spiegelei, Black pudding (Blutwurst), Würste, baked beans und Toast

Käse

Frischkäse

nicht oder nur kurz gereifter Käse, oft in Kunststoffbechern

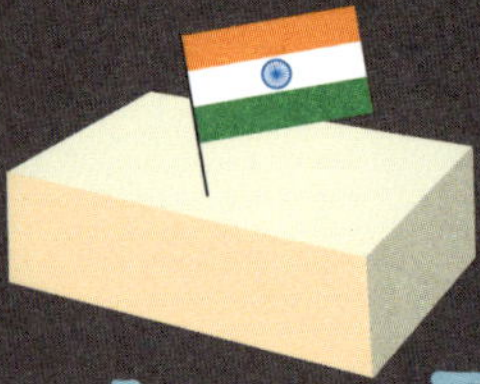

Paneer

Cottage

Ricotta

Mozzarella

Weichkäse

Käse mit hohem Wasseranteil (über 67 %), Rinde häufig mit Pilzkultur

Hervé

Pont l'Évêque

Camembert

Brie

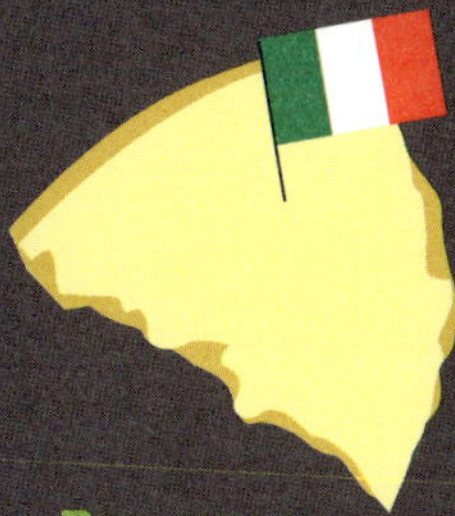

Parmesan

Emmentaler

Hartkäse

Käse mit hohem Gehalt an Trockenmasse, meist lange gereift und aromatisch

Cheddar

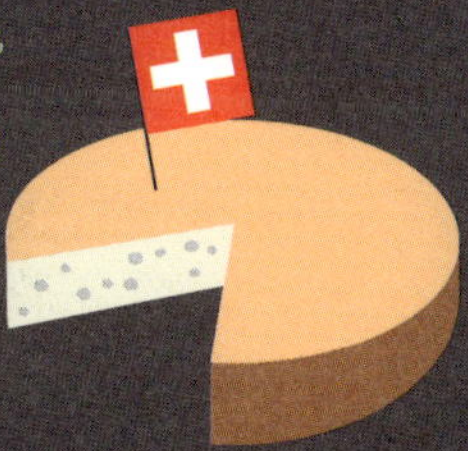

Gruyère

Stilton

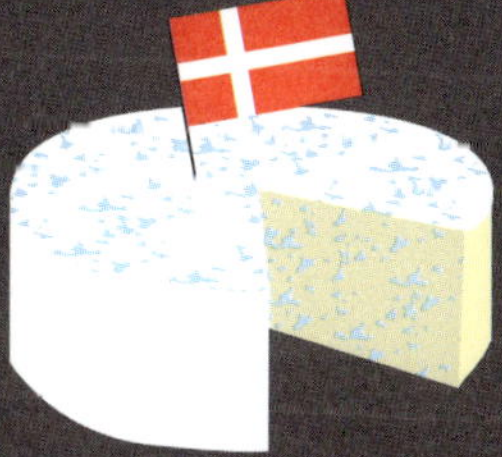

Danish blue

Blau-schimmelkäse

Penicillium-Kulturen sorgen für die typischen blauen Adern und das kräftige Aroma.

Gorgonzola

Roquefort

Pasta
Cavatappi
Calamari
Anellini
Conchiglie Rigate
Fusilli
Zita
Lasagne

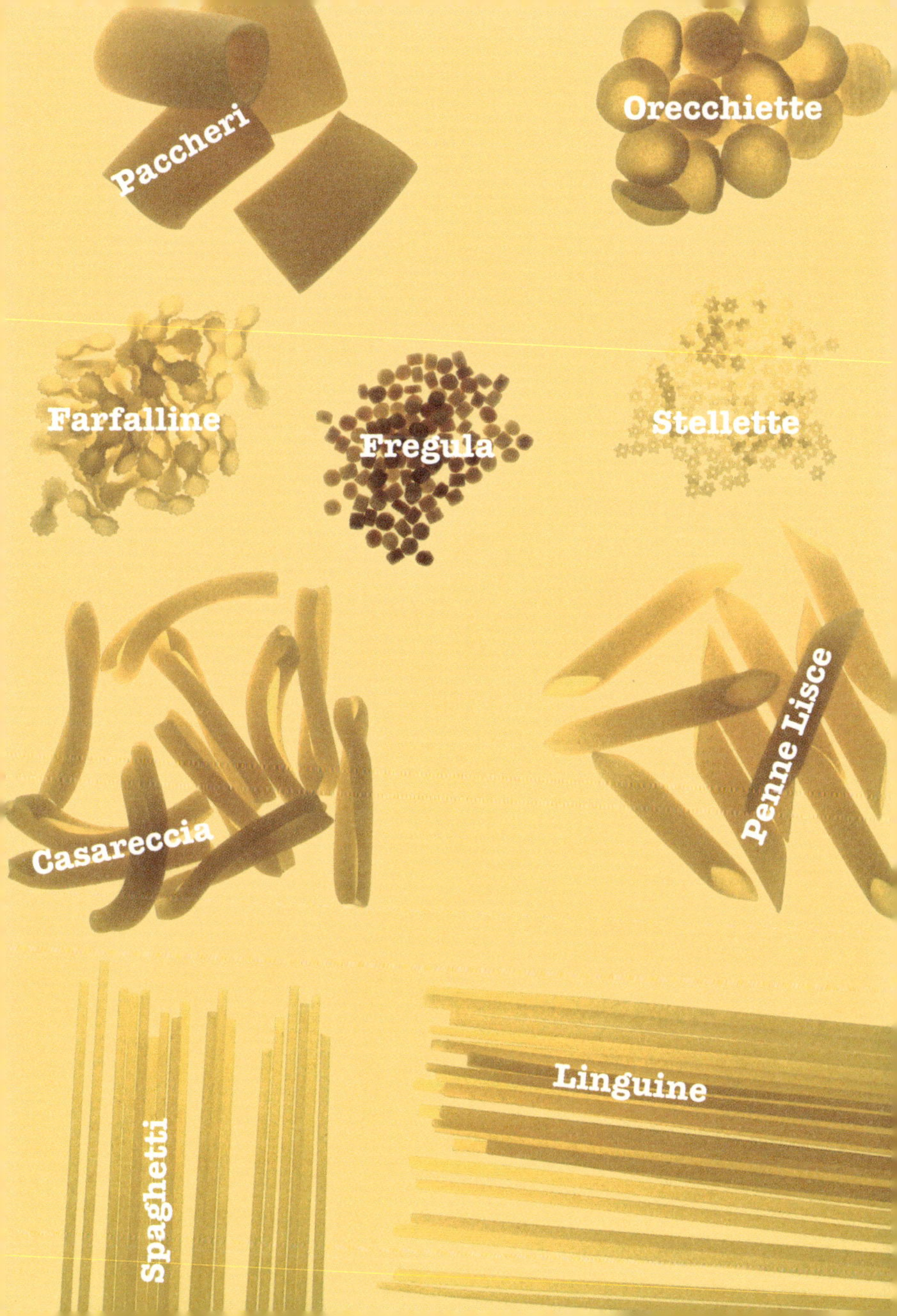
Paccheri
Orecchiette
Farfalline
Fregula
Stellette
Casareccia
Penne Lisce
Spaghetti
Linguine

Gewürze

Kreuzkümmel

für Hülsenfrüchte, Currys, Hühner-, Lamm- und Schweinefleischgerichte, Kartoffeln, Reis und Würste

Safran

für Fisch-, Hühner- und Lammgerichte, Schalentiere, Paella, Reis und Risotto sowie Gebäck

Gelbwurz (Kurkuma)

für Hühner- und Lammgerichte, Bohnen, Linsen, Paella, Reis, Currys und Schalentiere

Kardamom

Fleisch- und Geflügelgerichte, Currys, Linsen, Erbsen, Reis, Orangen und Kaffee

Nelken

für Süßspeisen und Gebäck, Pasteten, Wurst, Schinken und Wildgerichte, Äpfel, Kürbis, Tee und Glühwein

Zimt

für orientalische Lamm- und Geflügelgerichte, Reis, Äpfel, Birnen, Orangen und Beerenobst, Schokolade, Dessertcremes und Kaffee

Koriander

für Fisch-, Lamm-, Truthahn- und Schweinefleischgerichte, Schinken, Füllungen, Linsen und Tomaten

Kümmel

für Schweinefleisch, Brot, Kraut, Rüben, Kartoffeln, Käse, Wurst und Suppen

Chilipulver

für Fleisch-, Geflügel- und Fischgerichte, Meeresfrüchte, Bohnen, Schmorgerichte, Reis und Tomaten

Paprika

Gulasch und Pörkölt vom Rind, Kalb, Lamm oder Schwein, Hühner- und Fischgerichte, Kartoffeln und Reis

Scoville-Skala zur Schärfe von Paprikapflanzen

Naga-jolokia-Chili
855 000–1 050 000

Red-Savina-Chili
350 000–580 000

Habaneros
100 000–350 000

Thai-Chili
50 000–100 000

Cayennepfeffer
30 000–50 000

Serrano-Chili
10 000–23 000

Jalapeño-Chili
2500–8000

Sambal
500–2500

Peperoni
100–500

Gemüsepaprika
0–10

Küchenkräuter

Vitamin	Vorkommen	Funktion	Mangelerscheinungen
A	Milchprodukte, Eier, Leber, grüne Gemüse, Karotten	Schutzfaktor für die Haut, fördert die Sehfähigkeit bei Dämmerlicht und Dunkelheit, reguliert das Knochenwachstum	Nachtblindheit und Lichtempfindlichkeit, Verhornung der Hornhaut
B1	Hefe, Eidotter, Leber, Weizenkleie, Nüsse, rotes Fleisch, Zerealien	Kohlenhydratstoffwechsel	Müdigkeit, Reizbarkeit, Appetitlosigkeit, in schweren Fällen Beriberi
B2	Milchprodukte, Leber, Gemüse, Eier, Zerealien, Früchte, Hefe	Zellstoffwechsel	Entzündungen der Schleimhäute, Risse in den Mundwinkeln, Anämie
B12	Leber, rotes Fleisch, Fisch, Milchprodukte	Bildung von roten Blutkörperchen und Genen in den Zellen	perniziöse Anämie, Müdigkeit, Blässe
C	Obst, grünes Gemüse	Erhaltung von Knochen, Zähnen und Zahnfleisch, Bändern und Blutgefäßen sowie des Immunsystems	Skorbut
D	Lebertran, Avocados, Milchprodukte, UV-Strahlen	Reguliert Auf- und Abbau der Knochen, wichtig für den Kalziumhaushalt	Rachitis
E	Pflanzenöle, Weizenkleie, Vollkornprodukte, Zerealien, Eigelb, Nüsse, Sonnenblumenkerne	Gehört zu den natürlichen Antioxidantien, schützt vor Krebs, Herzinfarkt und Grauem Star	Konzentrations- und Muskelschwäche, höhere Infektanfälligkeit
K	Grüne Gemüse	Fördert die Bildung von Prothrombin in der Leber und steuert so die Blutgerinnung	Häufig auftretende Blutungen, Blutergüsse und Nasenbluten

Höfisches Renaissancebankett

1. Gang

Hasenpfeffer
Gefülltes Hähnchen
Kalbslende
Gebratene Zunge
Gemüse
Brot

2. Gang

Hirsch
Schwein
Gänseküken
Tauben
Kaninchen
Reiher
Keiler
Häschen
Gemüse
Brot

3. Gang

Waffeln
Gefärbtes Gelee

4. Gang

Erdbeeren
Pflaumen
Käse
Sahne

5. Gang

Weine
Gebäck

Papst
Krönt den Kaiser

Geistliche Kurfürsten
Wählen den König

Bischöfe
Als Landesherren Teilhabe an der Herrschaft

Kleriker

Die Gesellschaft des Heiligen Römischen Reiches im Mittelalter

Deutscher König/ Römischer Kaiser

Kurfürsten
Wählen den König

Hochadel
Als Landesherren Teilhabe an der Herrschaft

Hof
Königliches Gefolge

Niederadel und Ministeriale
Dienstadel oder mit Gütern belehnter Landadel

Städte
Reiche Kaufleute und Handwerker

Bauern
Freie, Hörige und Leibeigene

Knechte, Vaganten und Bettler

Barockgarten

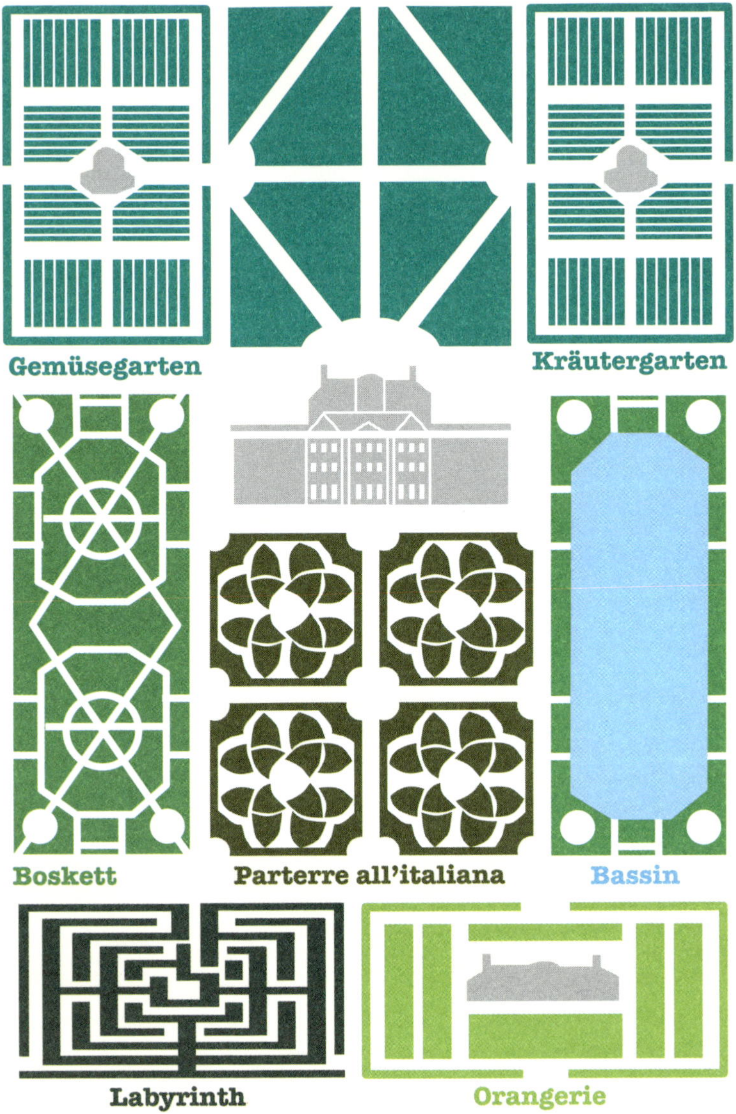

Schmetterlinge

Ritterfalter (Papilionidae)

Nordamerikanisches Pfauenauge
Nordamerika

C-Falter
Europa, Asien

Tigerschwalben-schwanz
Nordamerika

Segelfalter
Südeuropa

Edelfalter (Nymphalidae)

Bläulinge (Lycaenidae)

Hauhechel-Bläuling
Europa

Weißlinge (Pieridae)

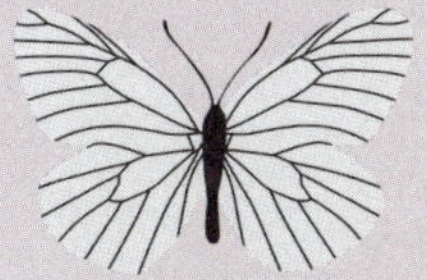

Baumweißling
Nordafrika bis Japan

Euchloe ausonides
Nordamerika

Talicada nyceus
Südasien

Würfelfalter (Riodinidae)

Rhetus persiander
Mittel- und Südamerika

Heliocopis cupido
Nordamerika

Dickkopffalter (Hesperiidae)

Erynnis babtisiae
Nordamerika

Spiegelfleck-Dickkopf-falter
Europa

Frösche und Quallen

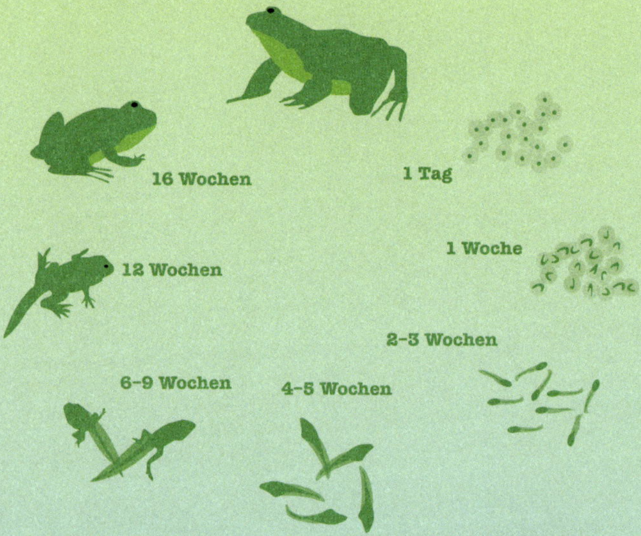

Das perfekt gekochte Ei

Die Garzeiten beziehen sich auf ein Ei von Zimmertemperatur, das in einem Topf mit kaltem Wasser aufgesetzt wird. Abbildung der Eier in natürlicher Größe.

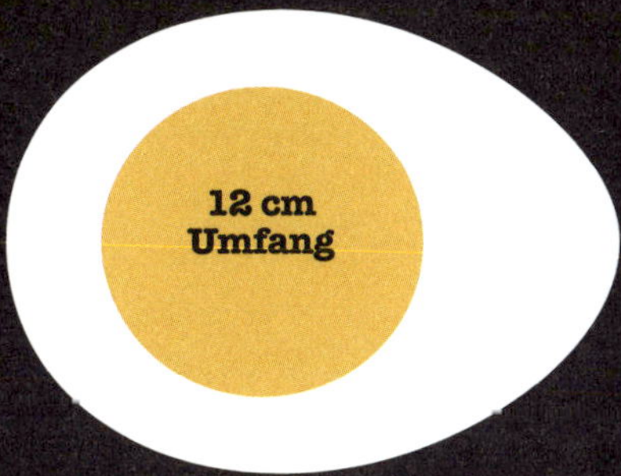

Dotter	Zeit
Flüssig	3:00
Wachsweich	3:40
Hart	4:30

Bei Kühlschranktemperatur 30 Sekunden Garzeit dazugeben.

Dotter	Zeit
Flüssig	4:00
Wachsweich	4:50
Hart	6:00

Bei Kühlschranktemperatur 40 Sekunden Garzeit dazugeben.

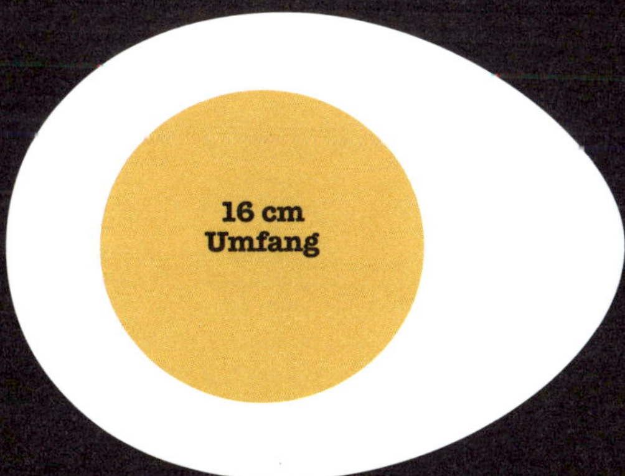

Dotter	Zeit
Flüssig	5:20
Wachsweich	6:20
Hart	7:50

Bei Kühlschranktemperatur 60 Sekunden Garzeit dazugeben.

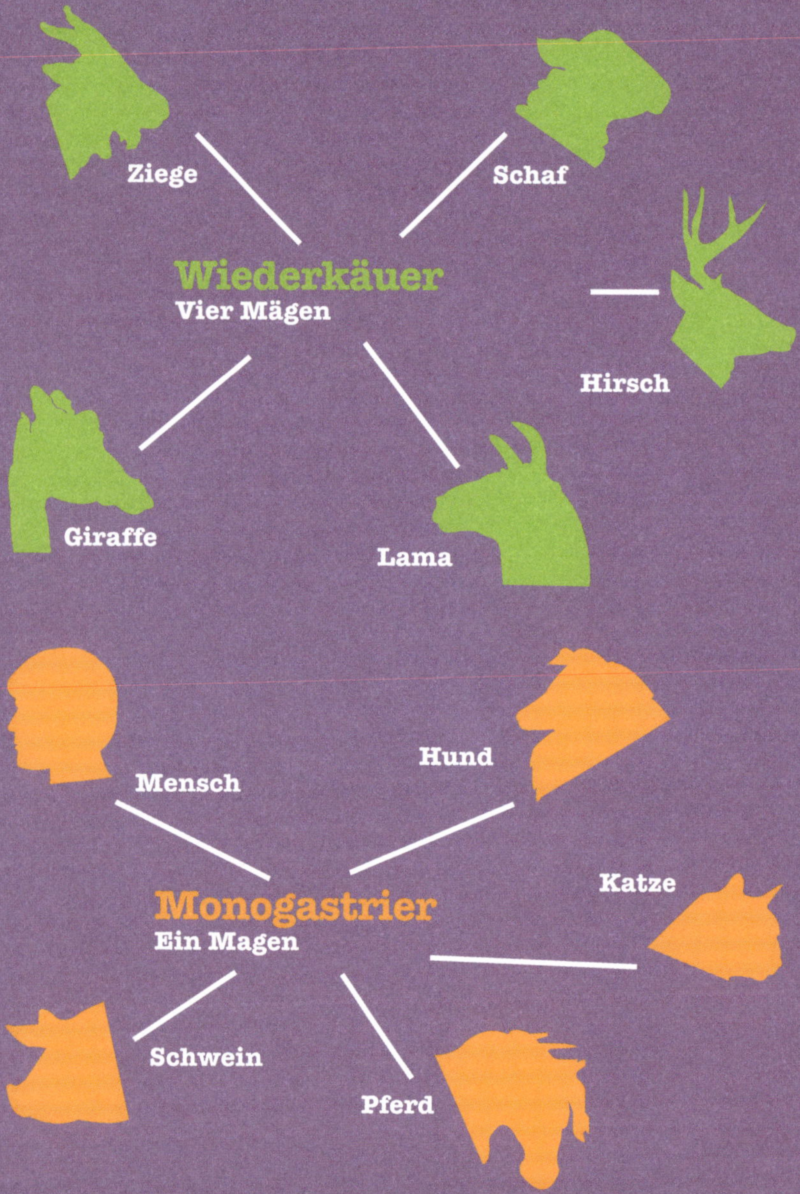
Ziege
Schaf
Wiederkäuer
Vier Mägen
Hirsch
Giraffe
Lama
Mensch
Hund
Monogastrier
Ein Magen
Katze
Schwein
Pferd

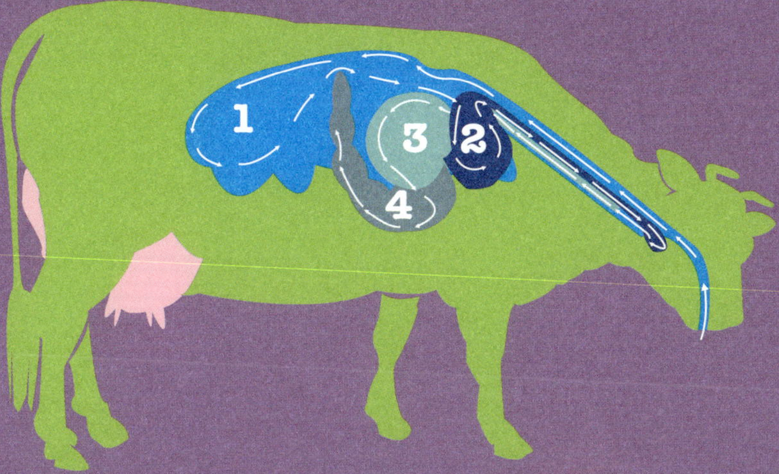

Wiederkäuermagen

1 Pansen
Die grob zerkleinerte Nahrung wird mithilfe von Bakterien fermentiert.

2 Netzmagen
Die fermentierte Nahrung wird portionsweise in die Mundhöhle zurückbefördert und durch Wiederkäuen weiter zerkleinert.

3 Blättermagen
Der Nahrungsbrei wird durch Kontraktion entwässert.

4 Labmagen
Wie beim Monogastrier wird die Nahrung durch Sekretion von Salzsäure und Enzymen vorverdaut.

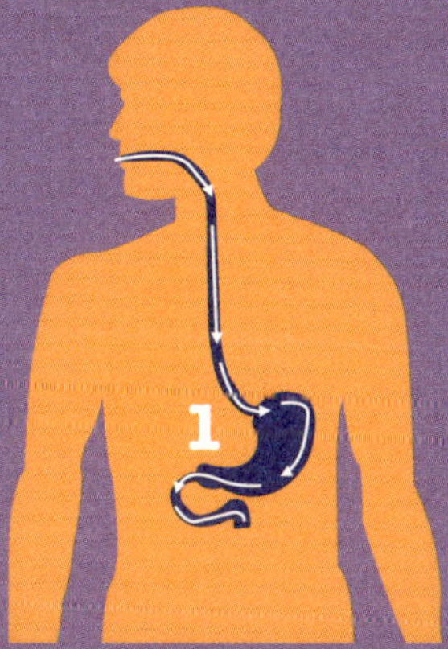

Magen des Monogastriers

1 Magen Parasiten und schädliche Bakterien werden abgetötet, die Nahrung wird weiter zerkleinert und für die Weiterverdauung aufgeschlossen.

Maus: 19 Tage
Erwachsen: 25 g
Neugeborenes: 5 g
Bezeichnung für das Neugeborene: Junges
Lauffähig nach 2 Wochen
Strauß: 42 Tage
Erwachsen: 130 kg
Neugeborenes: 1.4 kg
Bezeichnung für das Neugeborene: Küken
Lauffähig nach 1–2 Minuten
Löwe: 108 Tage
Erwachsen: 200 kg
Neugeborenes: 14 kg
Bezeichnung für das Neugeborene: Junges
Lauffähig nach 2 Wochen
Braunbär: 220 Tage
Erwachsen: 400 kg
Neugeborenes: 0.5 kg
Bezeichnung für das Neugeborene: Junges
Lauffähig nach 8–12 Wochen
Mensch: 266 Tage
Erwachsen: 83 kg
Neugeborenes: 3.2 kg
Bezeichnung für das Neugeborene: Baby
Lauffähig nach 10–13 Monaten
Giraffe: 457 Tage
Erwachsen: 1300 kg
Neugeborenes: 55 kg
Bezeichnung für das Neugeborene: Kalb
Lauffähig binnen einer Stunde

Trag- und Brutzeiten

Elefant: 645 Tage
Erwachsen: 3500 kg
Neugeborenes: 113 kg
Bezeichnung für das Neugeborene: Kalb
Lauffähig binnen einer Stunde

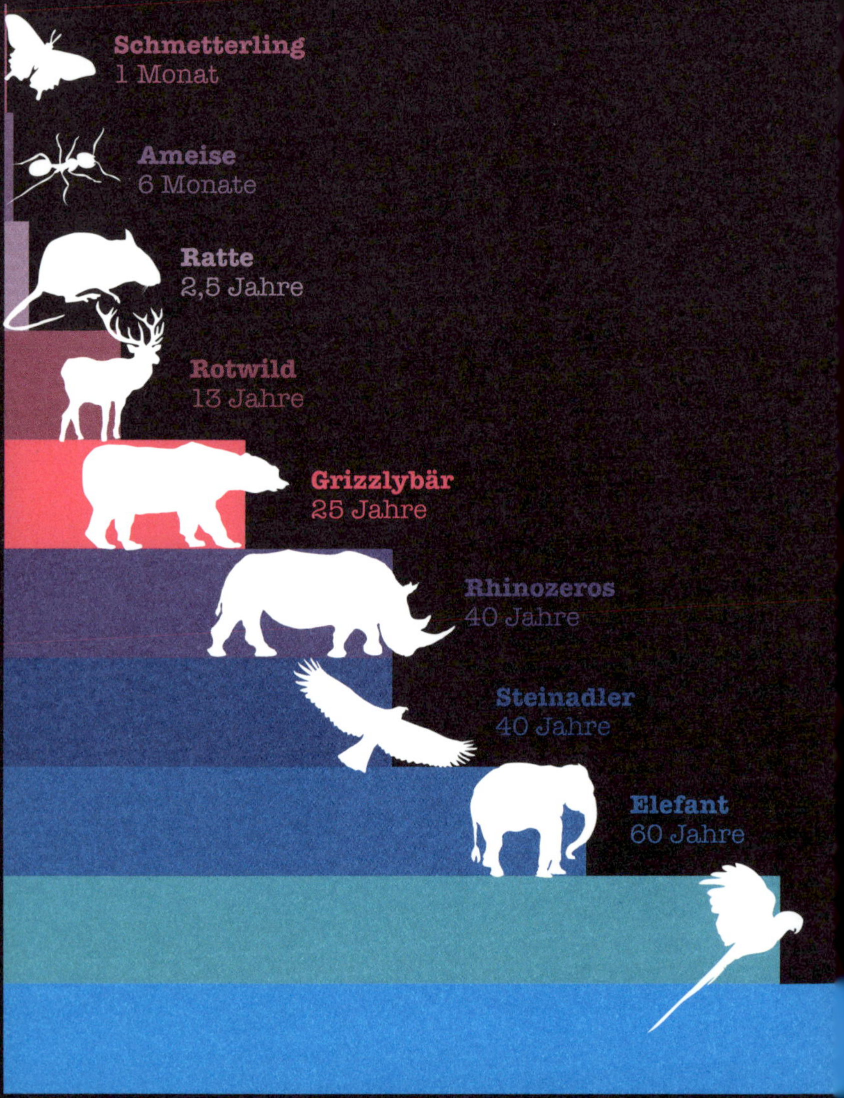
Schmetterling
1 Monat
Ameise
6 Monate
Ratte
2,5 Jahre
Rotwild
13 Jahre
Grizzlybär
25 Jahre
Rhinozeros
40 Jahre
Steinadler
40 Jahre
Elefant
60 Jahre

Durchschnittliche Lebenserwartung

Papagei
80 Jahre

Galápagos-Schildkröte
150 Jahre

Handtuch falten – Hühnchen

1.

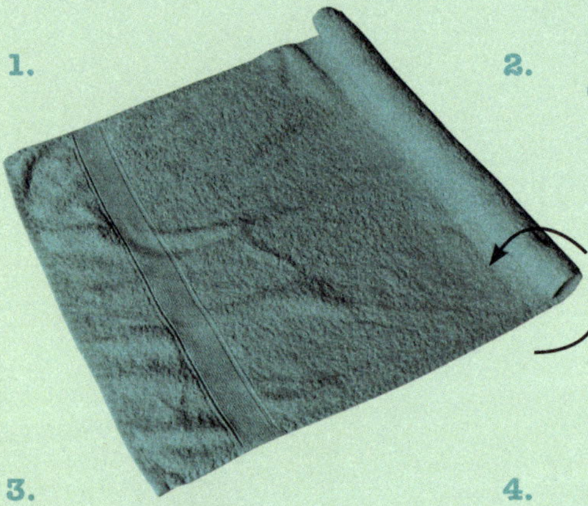

2.

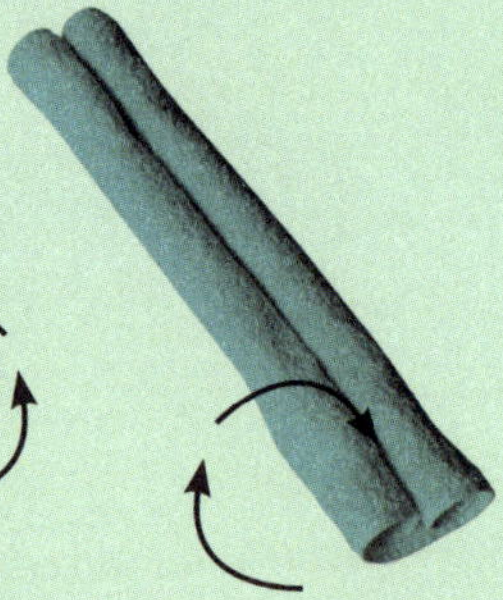

3.

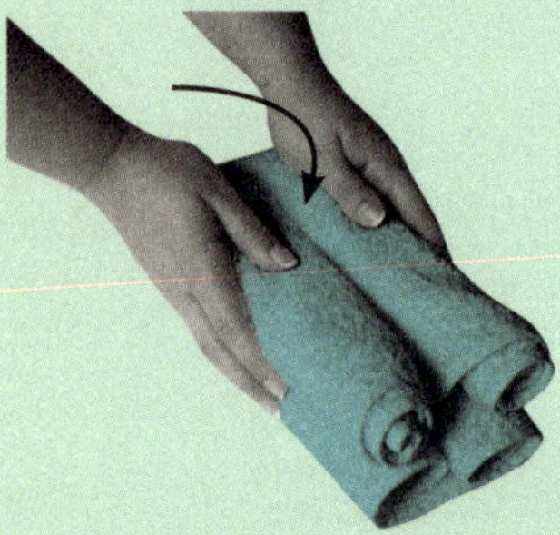

4.

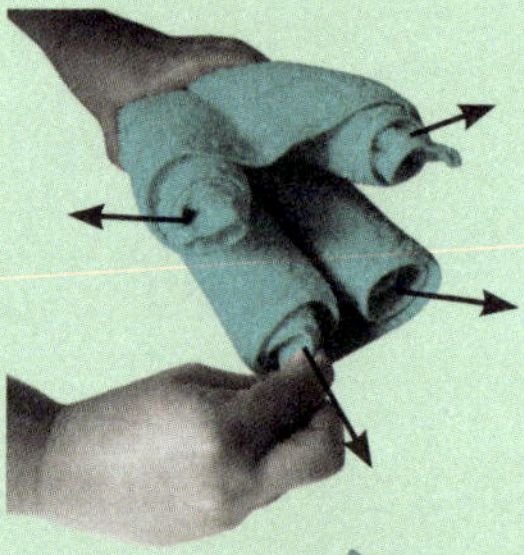

5.

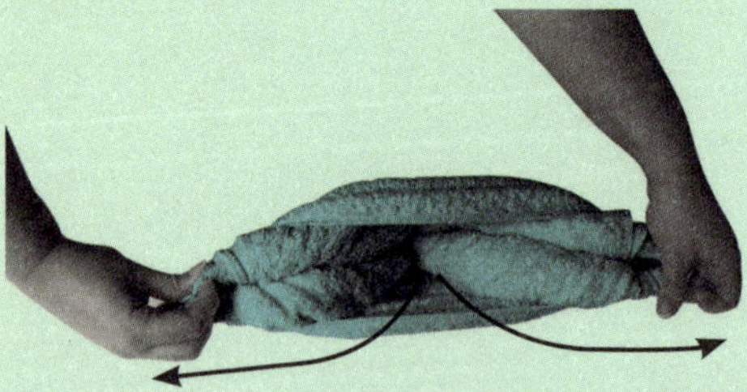

6.

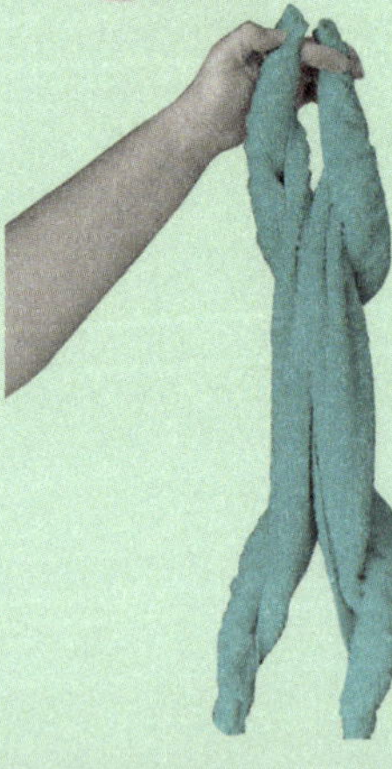

Handtuch falten – Schwan

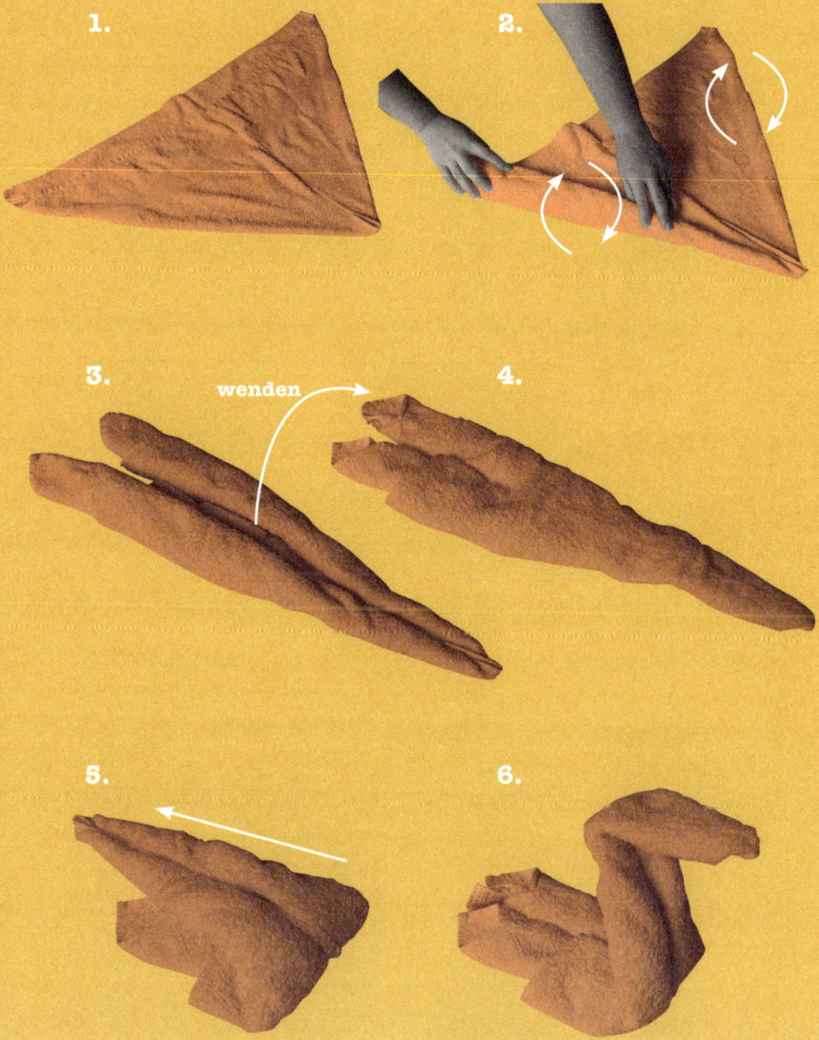

Origami

8.

9.

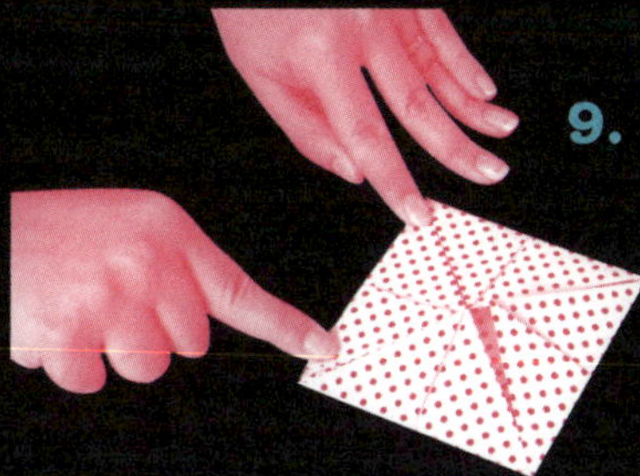

10.

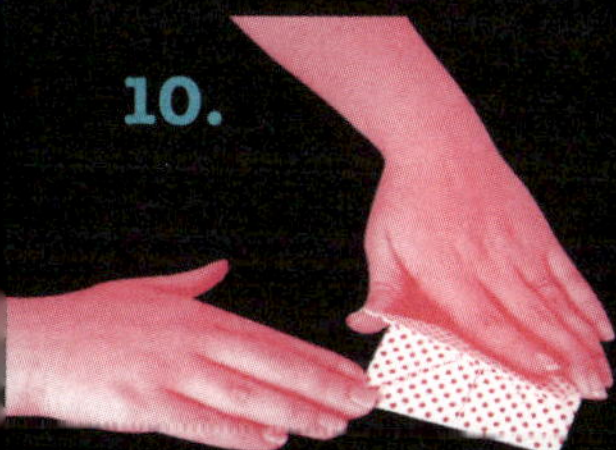

11.

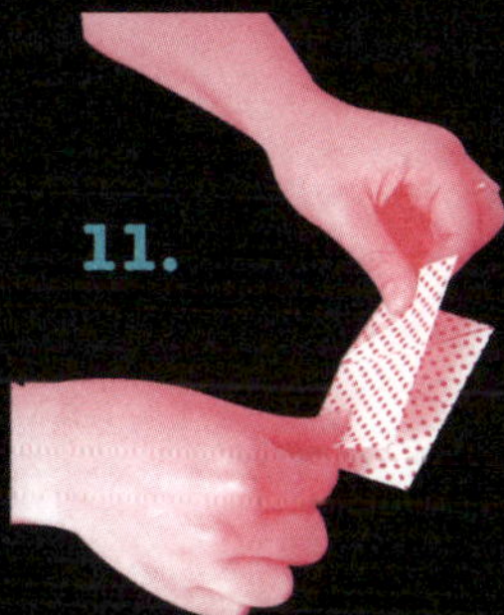

12.

13.

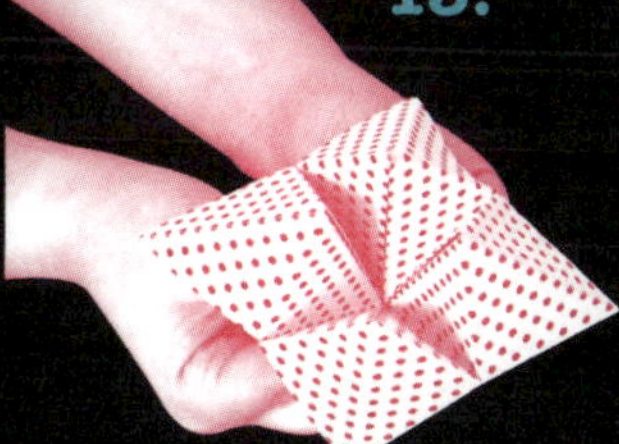

14.

Graphologie

Eigenbrötler
Zurückhaltend
Introvertiert
Logisch

Die Neigung der Handschrift verrät dem Fachmann viel über den Charakter und die Persönlichkeit eines Menschen

Liebevoll
Ambivertiert
Gemeinsinnig
Ausdrucksfähig

Bedürftig
Extrovertiert
Emotional
Impulsiv

Handlesen

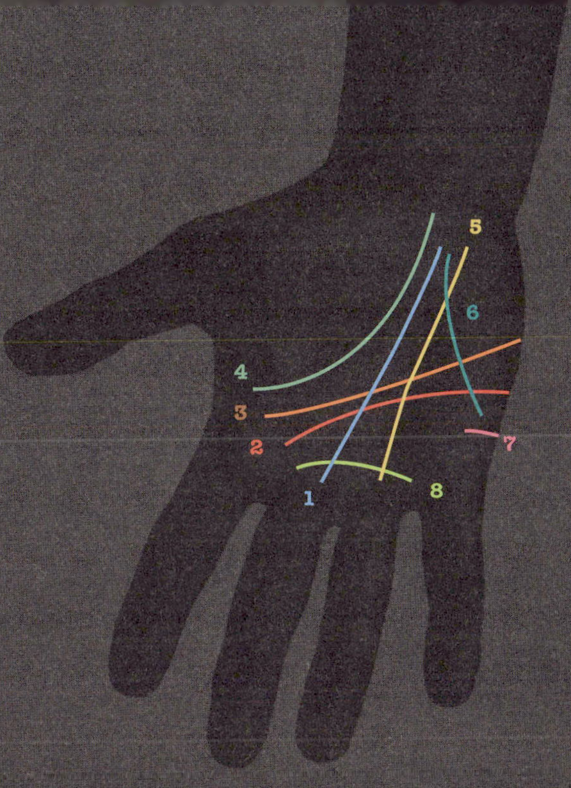

1 Schicksalslinie

- Tief , ausgeprägt: vom Schicksal bestimmt
- Unterbrochen, nicht geradlinig: von äußeren Einflüssen bestimmt
- Geht von der Lebenslinie aus: Selbstbewusstsein
- Stößt in der Mitte auf die Lebenslinie: ordnet seine Interessen anderen unter
- Beginnt an der Daumenwurzel und schneidet die Lebenslinie: kann sich auf Freunde und Familie verlassen

2 Herzlinie

- Beginnt unter dem Zeigefinger: von Liebe erfülltes Leben
- Beginnt unter dem Mittelfinger: In Liebesdingen egoistisch
- Beginnt in der Mitte: verliebt sich schnell
- Kurz und gerade: unromantisch
- Berührt die Lebenslinie: neigt zu Liebeskummer
- Lang und gekrümmt: zeigt Gefühle
- Gewellt: viele Affären
- Unterbrochen: verletzte Gefühle

3 Kopflinie

- Kurz: intelligent
- Gekrümmt, abfallend: kreativ
- Getrennt von der Lebenslinie: Abenteuerlust, Lebensgier
- Wellig: wenig Konzentratonsfähigkeit
- Tief und lang: Klarer und scharfer Denker
- Gerade Linie: Realist
- Gekreuzte Linie: emotionale Krise
- Unterbrochene Kopflinie: widersprüchliches Denken
- Mehrfach gekreuzte Linie: schwere Entscheidungen

4 Lebenslinie

- Verlauf nahe am Daumen: oft müde
- Gekrümmt: hohe Energie
- Lang und tief: Vitalität
- Kurz und flach: fremdbestimmt
- halbrund: Stärke und Leidenschaft
- Gerade, nahe am Rand der Handfläche: zurückhaltend in Beziehungen
- Mehrere Lebenslinien: besondere Vitalität
- Unterbrechungen: Mühen oder Verluste

5 Sonnenlinie

- Erfolg, Glück, Talente und Fähigkeiten

6 Merkurlinie

- Steht für Gesundheit, Klugheit im Berufsleben und Kommunikationsfähigkeit

7 Liebeslinie

- Teilt sich zum Handrücken hin: lange Beziehung
- Trifft auf die Herzlinie, ohne sie zu kreuzen: Kindersegen in der Ehe

8 Venusring

- Nervosität und Empfindsamkeit

Yoga

Pranayama
Atemübungen

Ardha Chandrasana
Halbmond

Utkatasana
Die Mächtige Variation

Dandayamana Janushirasana
Stehender Kopf zu den Füßen

Natarajasana
Tänzer

Virabadrasana
Krieger drei

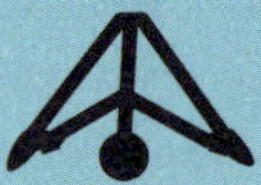

Dandayamana Bibhaktapada Paschimotthanasa
Beinstreckungs-haltung im Stehen

Trikonasana
Dreieck

Vrikasana
Baum

Savasana
Totenstellung

Pavana Muktasana
In den Wind stellen

Pascimotasana
Vorwärtsbeuge

Bhujangasana
Kobra

Salabhasana
Heuschrecke

Poorna Salabhasana
Volle Heuschrecke Variation

Dhanurasana
Liegender Bogen

Supta Vajrasna
Liegender Fersensitz

Shanshankasana
Hase

Ustrasana
Kamel

Balasana
Kindstellung

Pilates

Curl up
Muskeln:
Oberbauch

The Hundred
Muskeln:
Bauch und Atmung

Roll Up
Muskeln:
Bauch

Beinkreisen
Muskeln:
Schenkel und Hüften

Side Kick
Muskeln:
Bauch und Innenseite der Schenkel

Open Leg Rocker
Muskeln:
Bauch und Rückseite der Oberschenkel

Half Roll Down
Muskeln:
Bauch

Mermaid
Muskeln:
Dehnübung

Wall Roll Down
Muskeln:
Bauch und Innenseite der Schenkel

Saw
Muskeln: Innen- und Rückseite der Oberschenkel

Swan Dive
Muskeln: Rücken, Schultern und Arme

Binging
Muskeln: Bauch und Rumpf

Press up
Muskeln:
Unterleib und Rücken

Criss Cross
Muskeln:
Bauch und Rücken

Dermatome

Dermatome sind Hautsegmente, die von einem Rückenmarksnerv innerviert werden. Da auch Empfindungen aus den inneren Organen über diese Nerven übertragen werden, dienen Dermatome zur Diagnostik bei verschiedenen Leiden.

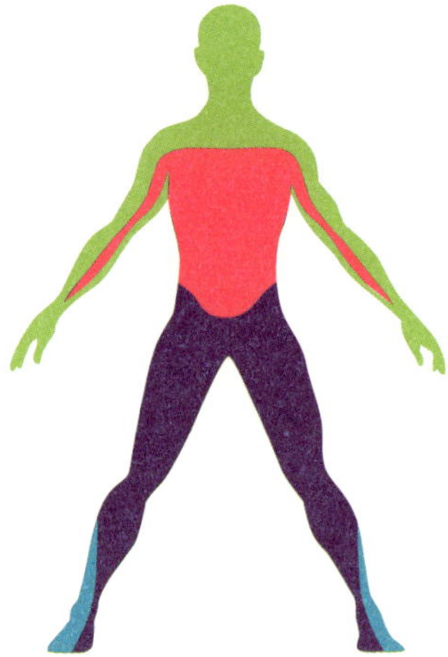

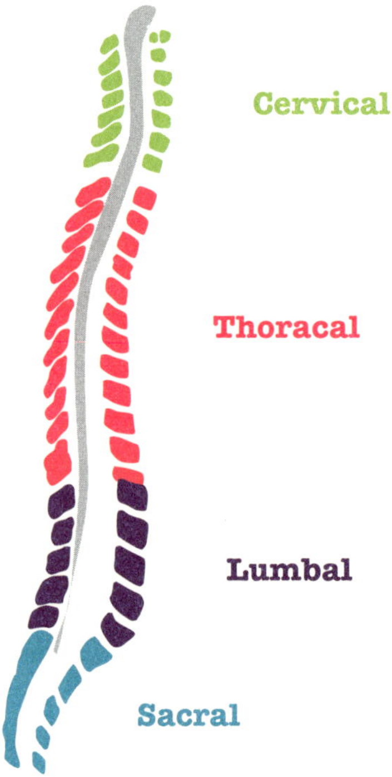

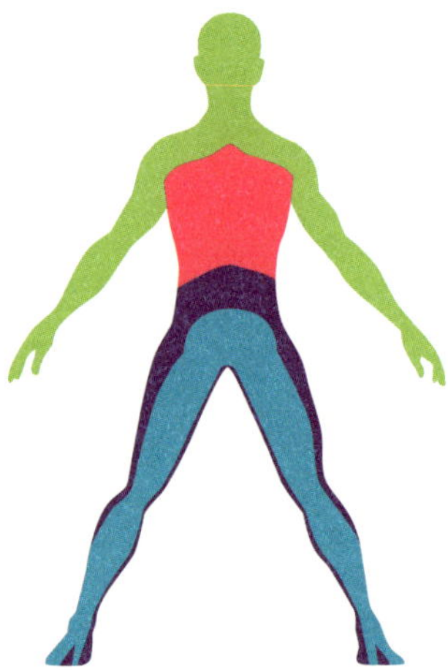

Reflexpunkte

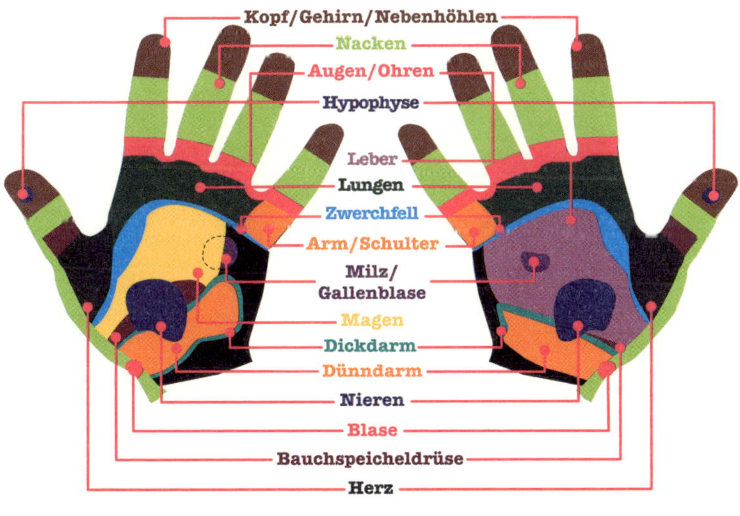

C
C#
Db
D
D#
Eb
E
F
F#
Daumen

Blockflöte spielen

Klavier

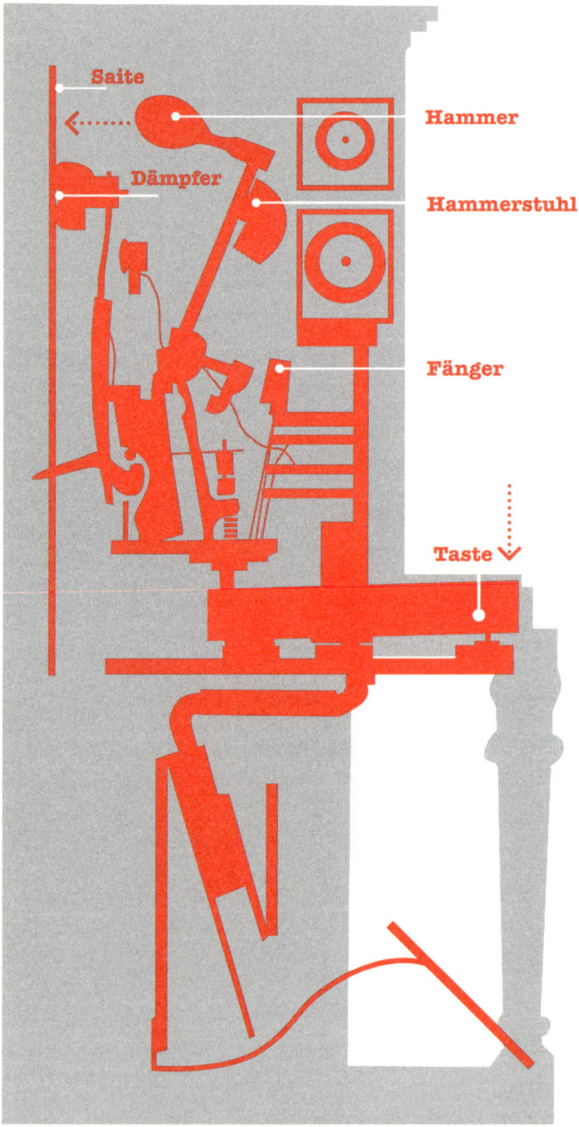

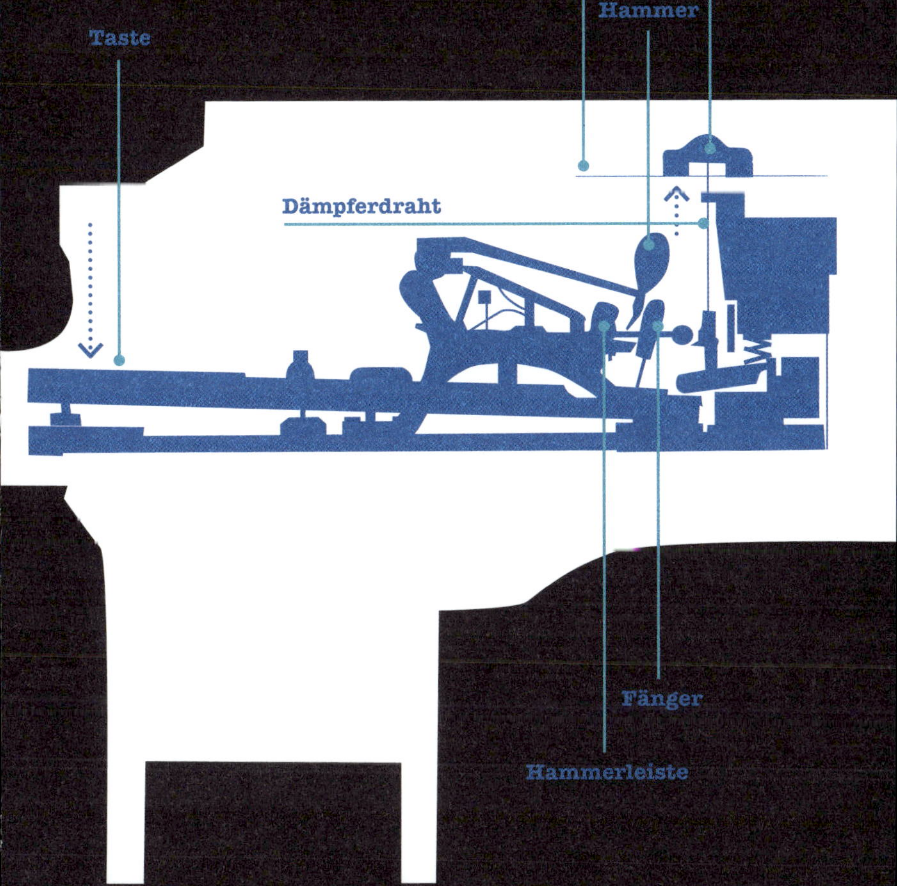
Hammer
Taste
Dämpferdraht
Fänger
Hammerleiste

Sinfonieorchester

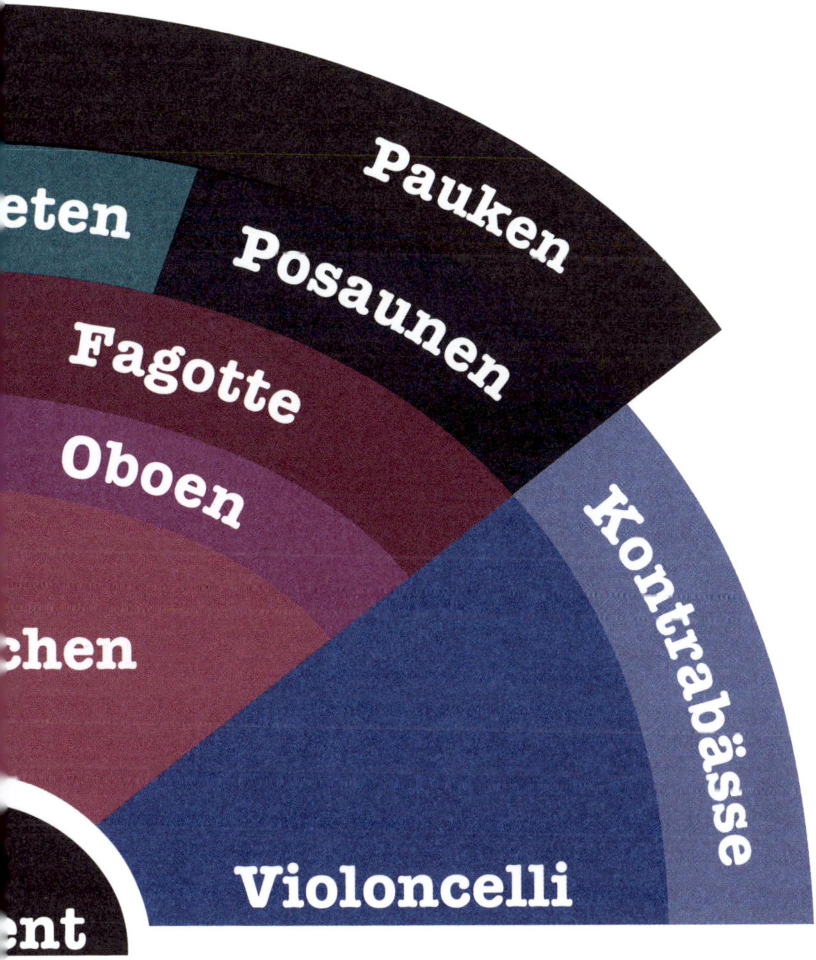

eten
Pauken
Posaunen
Fagotte
Oboen
chen
Kontrabässe
Violoncelli
ent

Stimmlagen

Sopran

Mezzosopran

Alt

Tenor

Bariton

Bass

Schlagfiguren beim Dirigieren

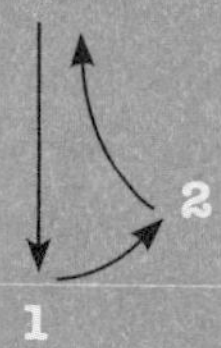

Zweiteiliger Takt

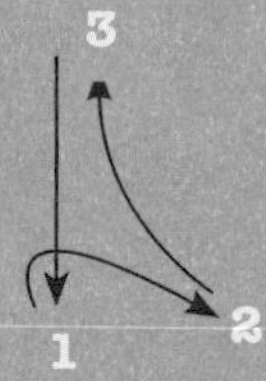

Dreiteiliger Takt

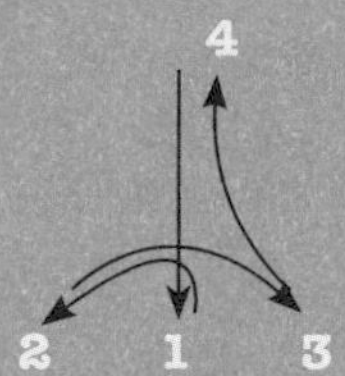

Vierteiliger Takt

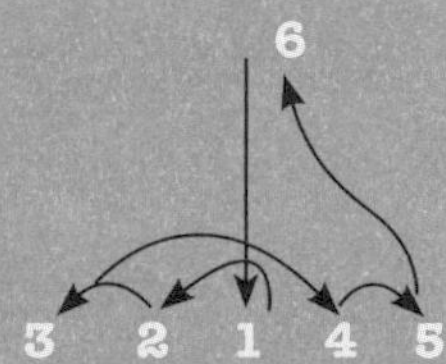

Sechsteiliger Takt

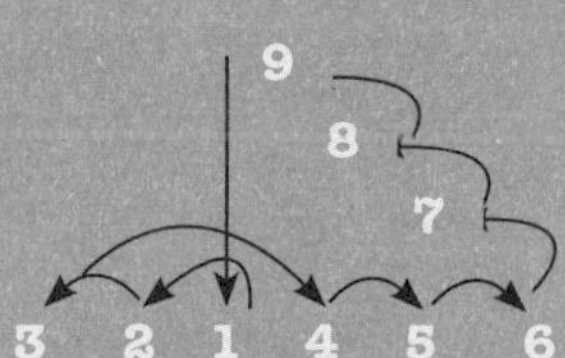

Neunteiliger Takt

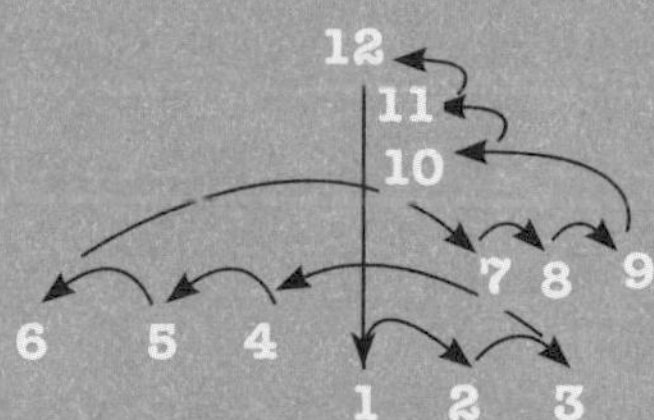

Zwölfteiliger Takt

Jonglieren

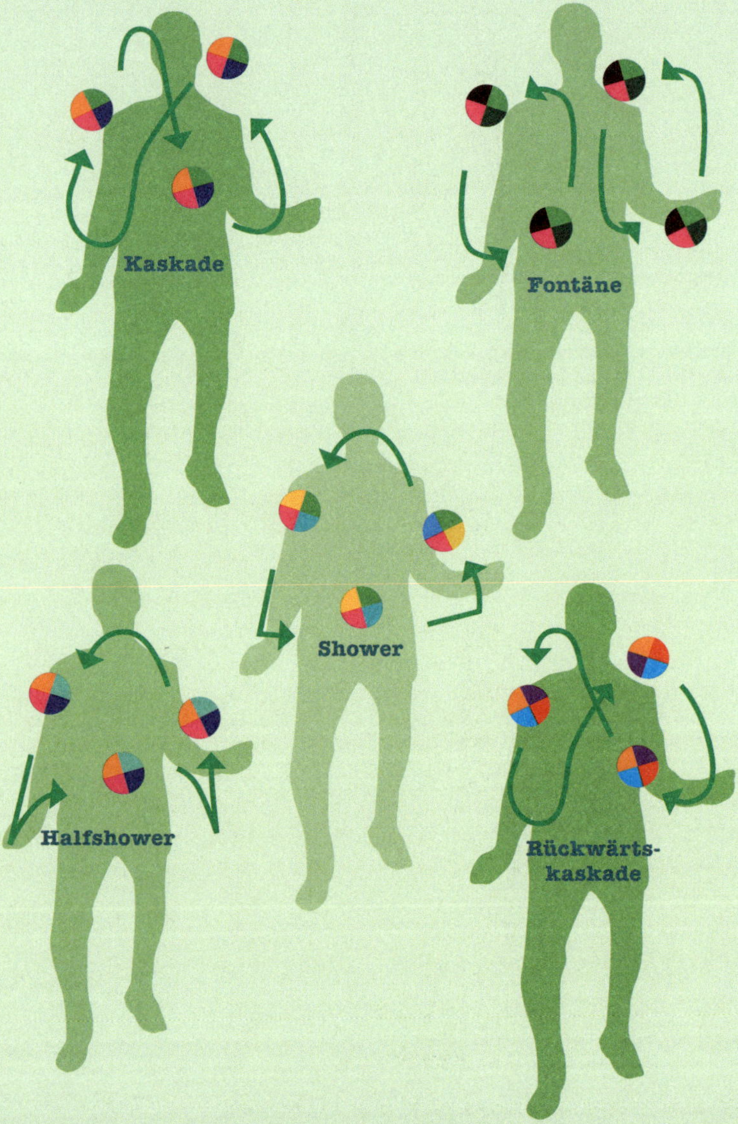

Clowntypen

Weißclown
Seriös und intelligent, aber besserwisserisch

Dummer August
Tolpelhaft, aber warmherzig

Charakterclown
Eigenbrötler, Sündenbock

Jojo-Tricks

Power throw

Rock the baby

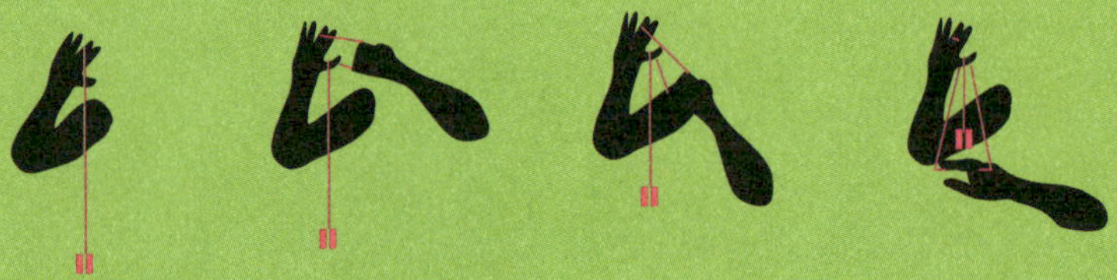

Loop the loop

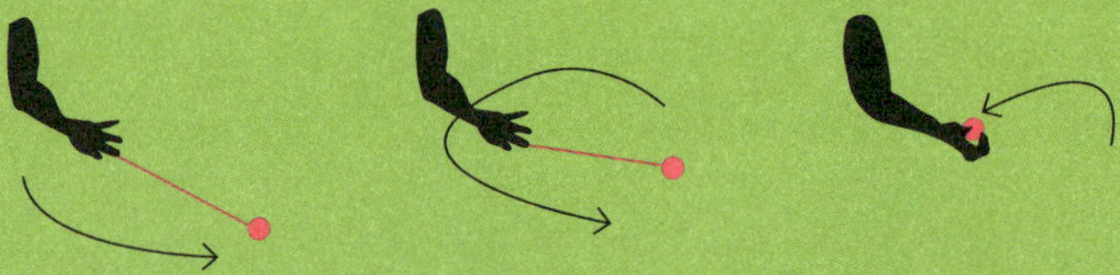

Flying saucer

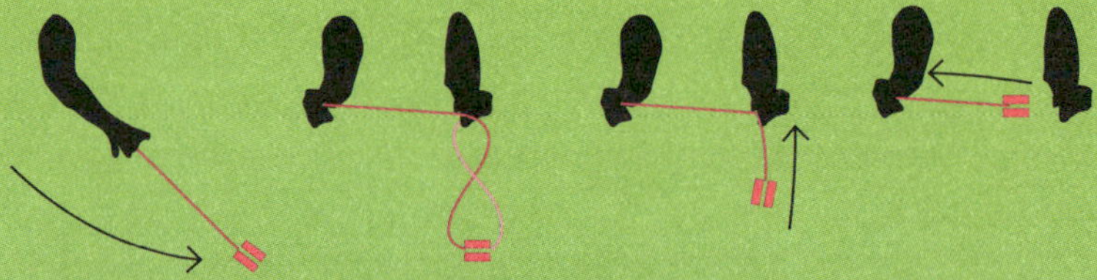

Monopoly
Berliner Straßen

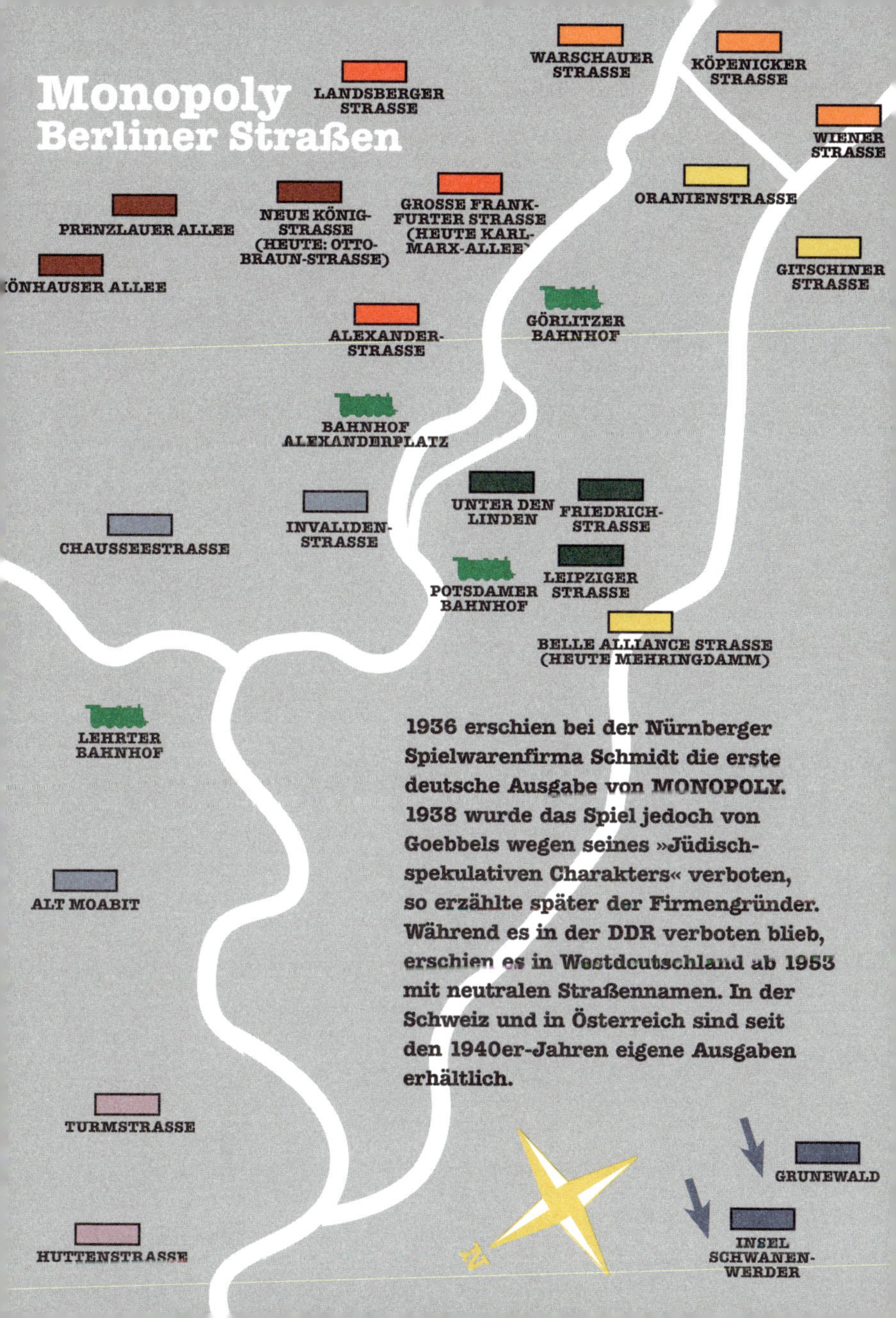

1936 erschien bei der Nürnberger Spielwarenfirma Schmidt die erste deutsche Ausgabe von MONOPOLY. 1938 wurde das Spiel jedoch von Goebbels wegen seines »Jüdisch-spekulativen Charakters« verboten, so erzählte später der Firmengründer. Während es in der DDR verboten blieb, erschien es in Westdeutschland ab 1953 mit neutralen Straßennamen. In der Schweiz und in Österreich sind seit den 1940er-Jahren eigene Ausgaben erhältlich.

Spielzeug des 20. Jahrhunderts

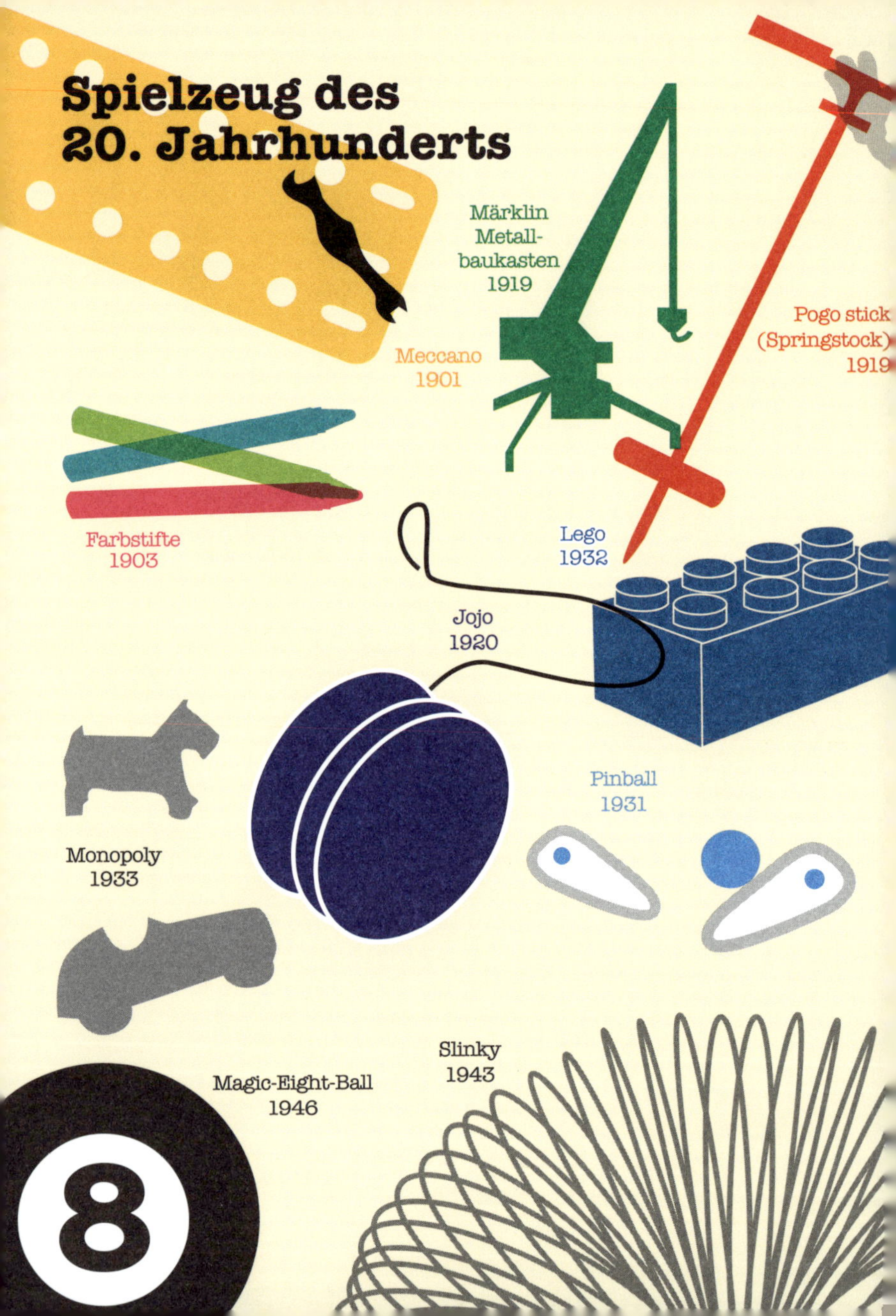

Mr Potato Head
1952
Hula-Hoop-
Reifen
1958
Barbie
1959
Carrera-
Rennbahn
1963
Hüpfball
1969
Rubik's Cube
1974
Twister
1966
Troll
1063
Buzz
Lightyear
1995
Stretch
Armstrong
1976
Game Boy
1989
Tamagotchi
1996
Furby
1998

Gladiatoren

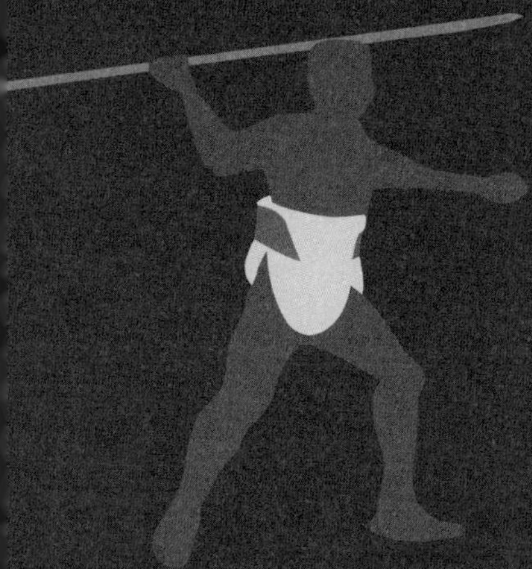

Velitus
Speer

Samnite
Schwert, Visierhelm

Thraker
Kleiner Schild und Sica

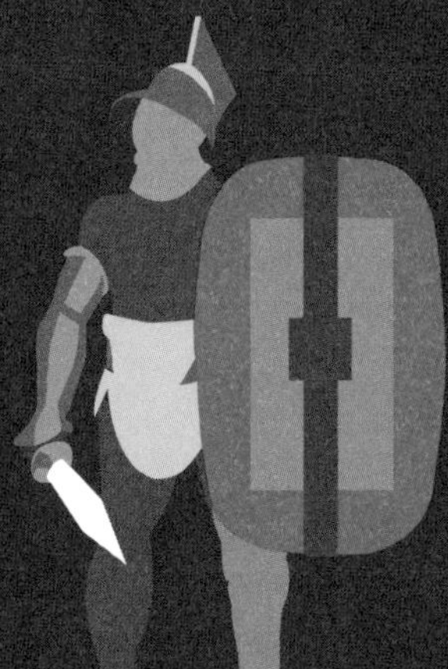

Murmillo
Kurzschwert, großer Schild

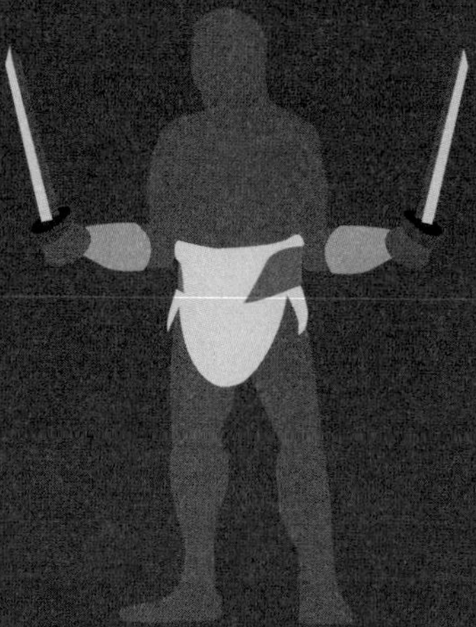

Dimachaerius

2 Dolche, leichter Schutz

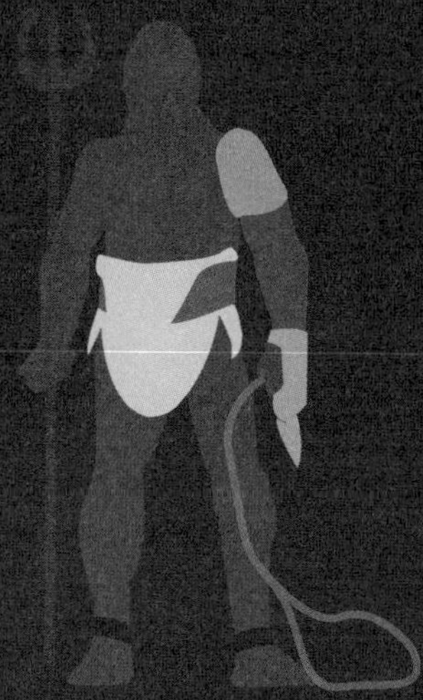

Laquerius

Lasso, Dreizack und Dolch

Retiarius

Netz, Dreizack und Dolch

Secutor

Schild, Schwert, leichte Rüstung

Tarnmuster

GB
Wüste

Polen
Kieferrinde

Deutschland
Splitter

Indonesien
Kopassus (Spezialeinheit) Blutrebe

Malaysia
Khidmat Negara

Serbien
Zweige

Uruguay
Mitchell-Muster

USA
Stadt

Türkei
Verzerrte Blätter

Benin
Wildtiere

Australien AUSCAM
Wüste

Schweden
Feltantrekk

Vietnam
Blattmuster

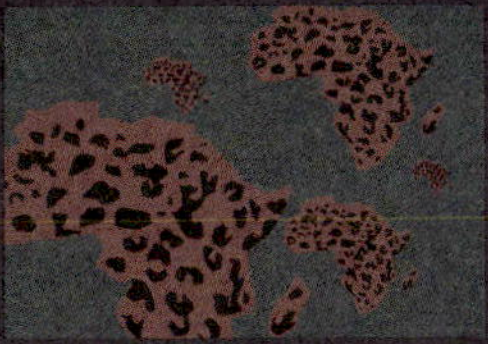

Libyen
Afrikakorps

GB
Wald

Russland
Computermuster

USA
Woodland

Schweden
Fältjacka

Deutschland
Blumenmuster

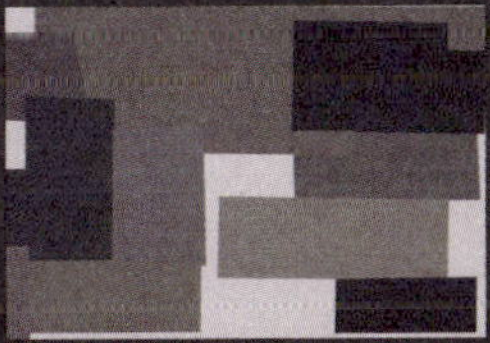

Philippinen, PSG
Stadt

Malaysia
Bomba

Uganda
Eidechse

Spanien
Wüste

Portugal
Eidechse

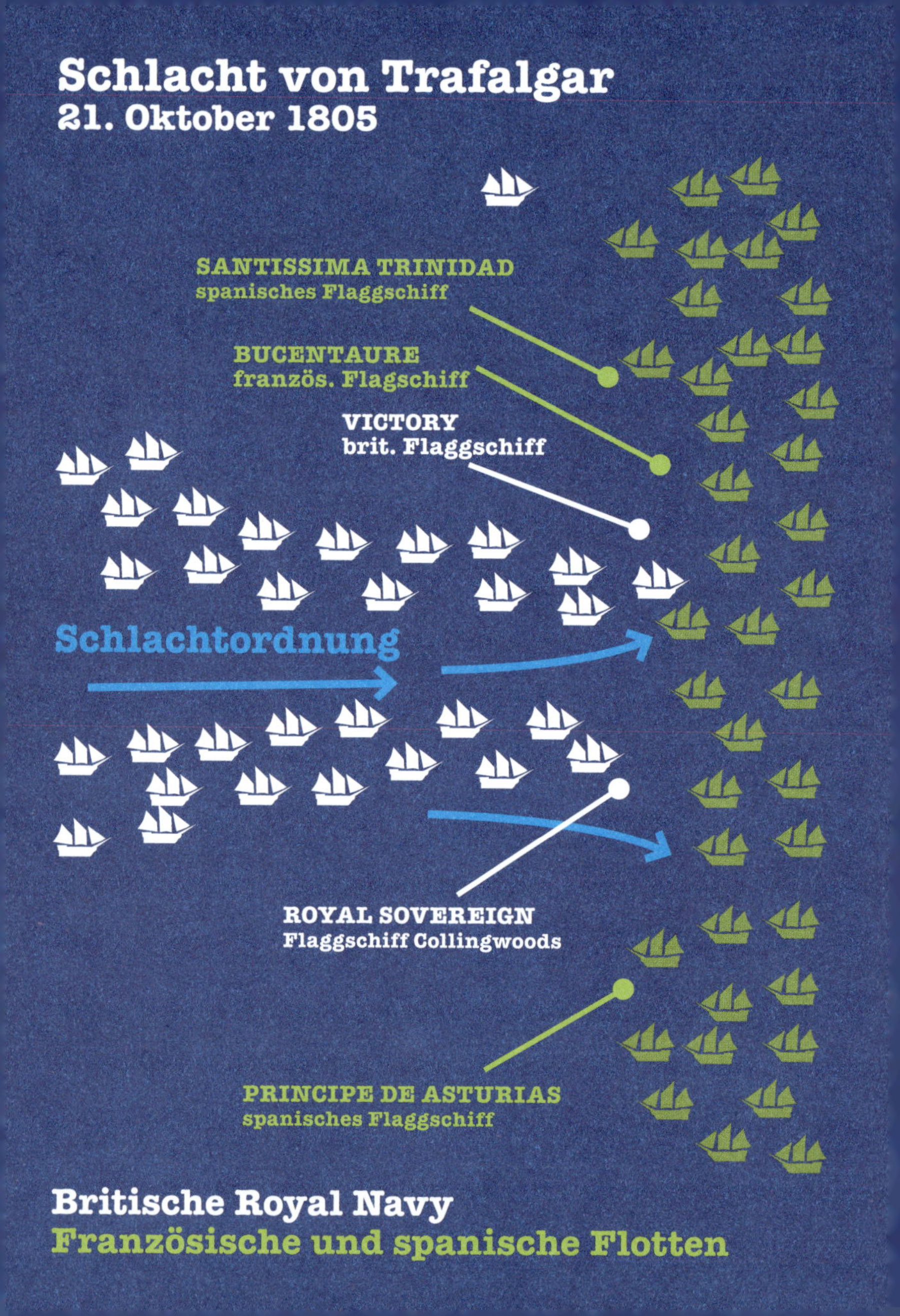
Schlacht von Trafalgar
21. Oktober 1805
SANTISSIMA TRINIDAD
spanisches Flaggschiff
BUCENTAURE
französ. Flagschiff
VICTORY
brit. Flaggschiff
Schlachtordnung
ROYAL SOVEREIGN
Flaggschiff Collingwoods
PRINCIPE DE ASTURIAS
spanisches Flaggschiff
Britische Royal Navy
Französische und spanische Flotten

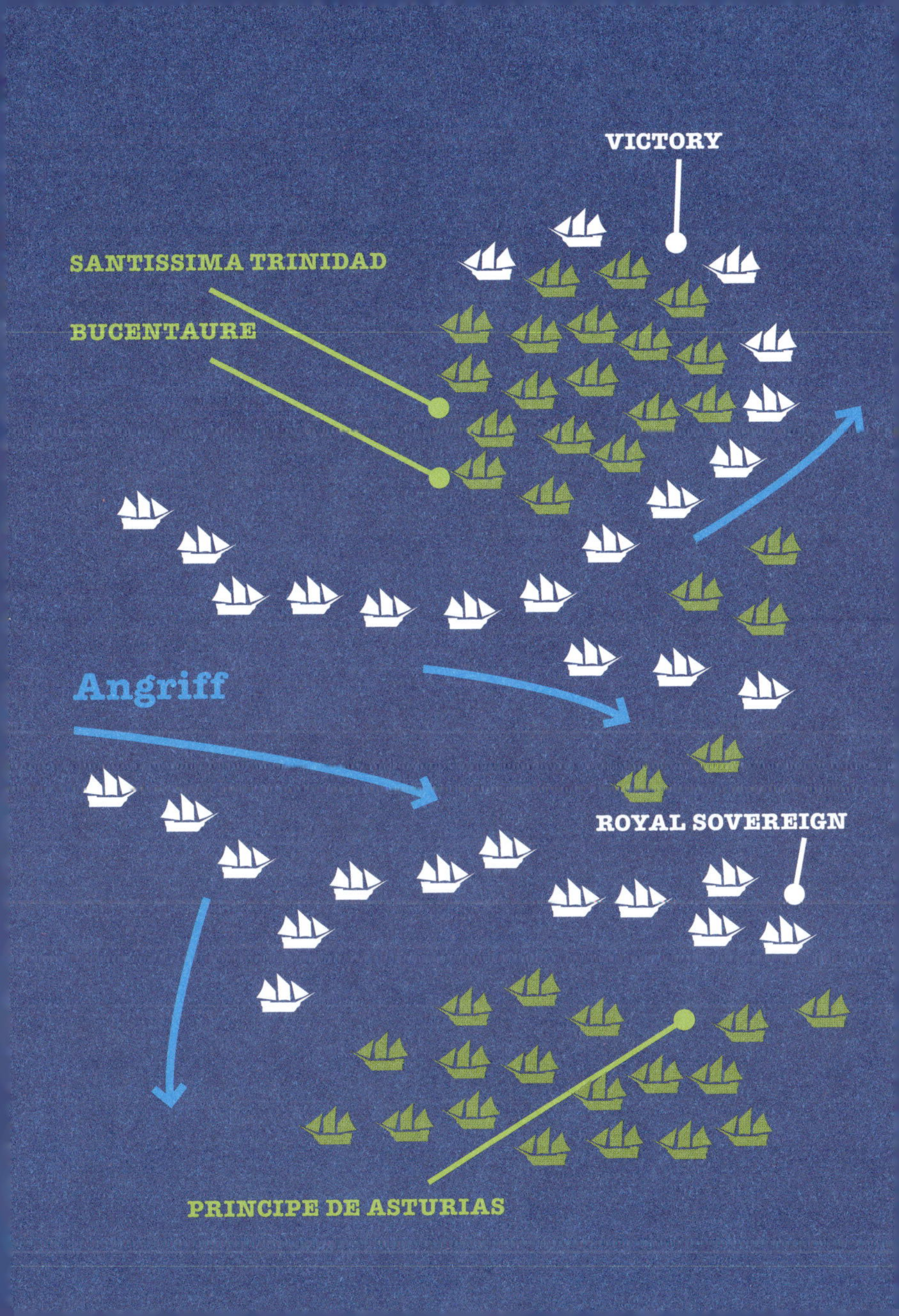
VICTORY
SANTISSIMA TRINIDAD
BUCENTAURE
Angriff
ROYAL SOVEREIGN
PRINCIPE DE ASTURIAS

Piratenflaggen

Henry Every

Thomas Tew

One Eyed Jack

Emmanuel Wynne

Edward Teach (Blackbeard)

Christopher Condent

Stede Bonnet

Captain Dulaien

Edward England

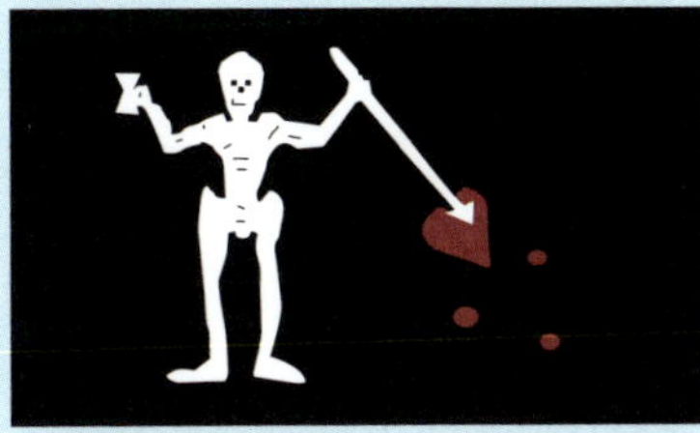

John Quelch

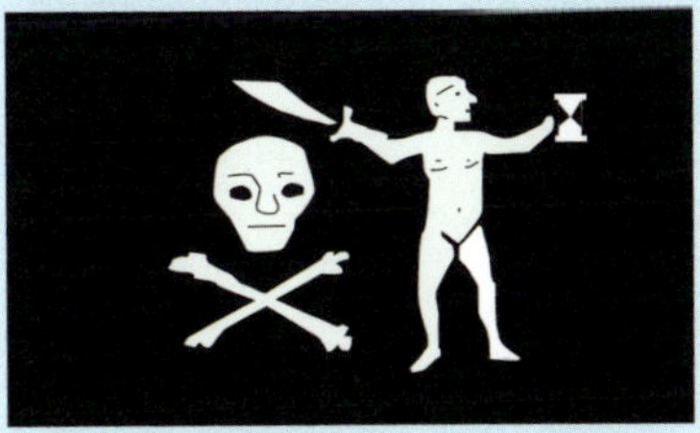

Walter Kennedy

John Rackham (Calico Jack)

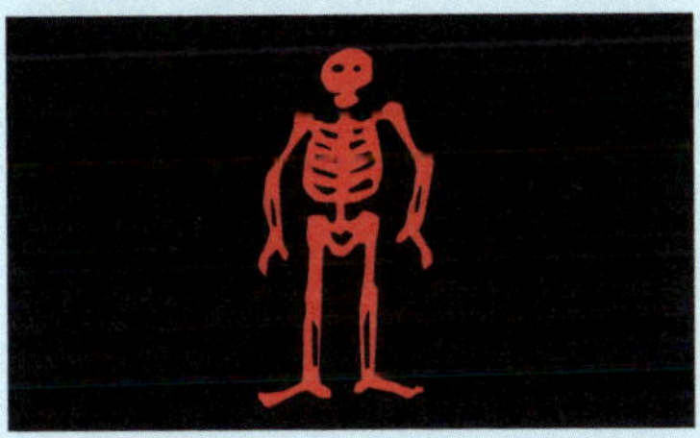

Edward Low

Bartholomew Roberts

Christopher Moody

Richard Worley

Dank

Bei Draught Associates: Dave Gibson, Michael Lenz, Rachel James, Helen Turner, Edward Andrews, Ben Clarke, Daniel Desaleux, William Giffiths, Jody Mclean, Sadhbh O'Briene, Chelsea Palmer, Liam Palmer, Madison Shanks.

Bei Black Dog Publishing: Annabell Power, Duncan McCorquodale, Irene Amore, Matthew Pull, Paul Sloman, Rebecca Redding.

Ebenfalls bei Knesebeck erschienen sind:

Auf einen Blick
Alles, was Sie sich nicht merken konnten, verdammt gern wissen würden oder niemals lernen wollten

Titel der Originalausgabe: *Visual Aid 2*
Erschienen bei Black Dog Publishing Ldt und Draught Associates, London 2009

Deutsche Erstausgabe

Ein Unternehmen der La Martinière Groupe

Umschlaggestaltung: Leonore Höfer, Knesebeck-Verlag
Übersetzung, Herstellung und Produktion: VerlagsService Dr. Helmut Neuberger & Karl Schaumann GmbH, Heimstetten
Druck: Print Consult, München
Printed in the EU

ISBN 978-3-86873-362-4

www.knesebeck-verlag.de